同济文化

同济大学国际学生感悟中国丛书　孙宜学　宗　骞　陈毅立　主编

上海一流研究生教育引领计划项目“汉语国际教育专业人才培养‘一带一路’模式建构”（项目号2020YL07）

国际学生感知中国第二课堂

编　宗　骞

同济大学出版社

图书在版编目(CIP)数据

国际学生感知中国第二课堂 / 宗骞主编. —上海：同济大学出版社，2021.11
ISBN 978-7-5608-9909-1

Ⅰ. ①国… Ⅱ. ①宗… Ⅲ. ①留学生教育—课堂教学—教学研究—中国 Ⅳ. ①G648.9

中国版本图书馆 CIP 数据核字(2021)第 224765 号

国际学生感知中国第二课堂

宗　骞　**主编**

责任编辑　尚来彬　**责任校对**　徐春莲　**封面设计**　陈益平

出版发行　同济大学出版社　www.tongjipress.com.cn
(地址:上海市四平路 1239 号　邮编:200092　电话:021-65985622)
经　　销　全国各地新华书店
排　　版　南京文脉图文设计制作有限公司
印　　刷　常熟市华顺印刷有限公司
开　　本　710 mm×1000 mm　1/16
印　　张　16.25
字　　数　325 000
版　　次　2021 年 11 月第 1 版　2021 年 11 月第 1 次印刷
书　　号　ISBN 978-7-5608-9909-1

定　　价　76.00 元

总序　向世界讲好社会主义核心价值观的内涵

2012年11月,党的十八大召开,明确提出了“建设优秀传统文化传承体系,弘扬中华优秀传统文化”的重大任务。随后,习近平总书记就传承、弘扬中华优秀传统文化发表了一系列重要讲话,深刻阐述了中华优秀传统文化的地位作用、价值意义、基本内涵和传承弘扬的原则要求,提出了一系列新思想、新观点、新论断。他指出,优秀传统文化博大精深,是中华民族永远不能离别的精神家园,要学习和掌握其中的各种思想精华,对历史文化特别是先人传承下来的道德规范,要坚持古为今用、推陈出新,有鉴别地加以对待,有扬弃地予以继承。这些重要论断立意高远,内涵丰富,思想深刻,脉络清晰,标志着中国共产党人对优秀传统文化的认识提升到新的境界,为新形势下传承弘扬中华优秀传统文化提供了遵循的重要线索。

面对五千年博大精深的中华传统文化,如何发掘、学习和掌握其中的精华,并坚持古为今用、推陈出新,以文化人,以文育人,从而帮助中国人树立正确的世界观、人生观、价值观,并且以中华民族创造的精神财富推动世界文明的发展,营造良好的文化生态环境,这是我们继承并发展民族文化血脉的目的,也是中华优秀传统文化生生不息的根本原因。

中华文化国际传播是中国需要也是世界需要

中华文化的国际传播是党的十八届三中全会提出的一项战略任务,即“扩大对外文化交流,加强国际传播能力和对外话语体系建设,推动中华文化走向世界”。要实现这一任务,必须加强从跨文化角度阐释中华文化国际传播的内涵，同时从传播学的角度阐释中华文化的传播手段，并借鉴世界文化国际传播的经验推动中华文化的国际传播。

中华文化的国际传播事关中国未来发展战略全局，具有深远的历史价值和现实意义，既顺应了扎根中国大地坚持改革开放的战略诉求，又切实符合中外文化交流的传统，具有延伸历史、创造历史的经典意义，对构建中国全方位开放格局，促进中国与世界形成优势互补、平等合作、互利共赢的世界新格局，也具有直接的理论引领和实践借鉴价值。

中华文化的国际传播是一项重大工程，综合性强，涉及面广，问题复杂，政府、学界和全社会应密切合作，资源共享，从学术、技术、机构等层面逐步推进，实现与中国形象建构的积极协调，使中华文化软实力顺利落地生根，要实现这一目标，还有许多迫切需要解决的问题，如内涵建设、传播机制，财政支撑体系、质量评估标准、中华文化在目前世界文化生态系统中的地位和定位等。

中华文化具有鲜明的时代特色，要向世界传播的中华文化必须具有马克思主义先进文化的思想根基，同时又有中华优秀传统文化的深厚底蕴。只有坚持以马克思主义为指导，才能保证中华文化的顺利传播，并走出一条植根中华文化沃土、“和而不同”的传播之路。

中华文化内涵丰富，博大精深、多元共生，传统中孕育着创新，创新中包含着传统，而国际局势波诡云谲，文化环境复杂多变，如何基于中国需要和世界需要提炼出既具有深厚的历史传统积韵、又能与世界不同文化和谐互动的文化要素，是保证中华文化国际传播的质量和效率的前提。为了保证这一目标的顺利实现，我们迫切需要整合马克思主义理论、政治学、计算机科学与技术、传播学、语言学、社会学、教育学、经济学、生物学等学科的力量，基于中华文化国际传播的经验，创新研究方法，形成创新理论成果，集中精力发掘出中华文化的新时代内涵，探索创建中国国际话语体系，最终实现中华文化与世界各国文化的和谐共生。

社会主义核心价值观代表中国共产党对中国传统文化的新认识

中国共产党是中华优秀传统文化的最优秀的传承者和创新者，也是最能科学地在中外文化相互参照中不断汲取世界文化、实现中华文化不断优化的先进文化力量的代表。实际上，中国特色社会主义核心价值观所体现的中华民族的世界观、文化、人生观等，都是基于中华文化的优秀传统和独特基因的具有典型中华民族特色的价值体系，是中国之所以成为中国的独特身份标记，是具有悠久文明史的中国始终能坚持走自己独具特色的发展之路的根本原因，这也是中华民族能始终独立于世界民族之林的根本原因。因此，中国特色社会主义核心价值观，也是全体中国人精神合一的独特模式，是值得骄傲和自豪的民族独立的象征。

中国共产党作为中国先进文化的代表者，在马克思主义中国化、中国特色社会主义建设、实现中华民族伟大复兴的历史进程中，都始终在从中华优秀传统文化中汲取变革的信心和力量，甚至方法与途径。“中国优秀传统文化的丰富哲学思想、人文精神、教化思想、道德理念等，可以为人们认识和改造世界提供有益启迪，可以为治国理政提供有益启示，也可以为道德建设提供有益启发。”中华文化是“建设优秀传统文化传承体系，弘扬中华优秀传统文化”的核心资源，是实现中华民族伟大复兴的基础和信心来源，深得人心，也凝聚了民心。

实际上，中国特色的社会主义新文化包孕着中国传统文化的基因，仁、义、礼、智、信、恕、孝、悌、恭、宽、敏等都融入了新时代的民主、自由、法治等文化体系之中，而一些封建文化的糟粕，如三纲五常则彻底得到了扬弃。

以民本思想为例。民本思想是中国传统文化的根本。孟子明确提出“民为贵，社稷次之，君为轻。”奠定了中国民本思想的基础，但其本意，是为了统治者以得民心而“得天下”。“得天下有道:得其民,斯得天下矣。得其民有道:得其心,斯得民矣。得其心有道:所欲与之聚之,所恶勿施尔也。”孟子以降,一代代士大夫、封建君王都明白“得民心者得天下,失民心者失天下”,所以推崇以民为本的根本目的是为了江山永固,这与中国共产党领导下出现的新时代的民本思想有实质性区别,因为新时代的以民为本本质是固邦为民,是以人民利益为根本,并且是作为中国共产党执政的根本,是把人民赋予的权利服务于人民,从而得到了人民的衷心拥护,立党立国也就获得了牢固根基,这也是中国共产党与世界上其他一切政党区别的根本标志。习近平就汲取了中国传统文化中民本思想的积极方面,要求中国共产党员牢记民为父母:“古人云:‘善为国者,爱民如父母之爱子、兄之爱弟,闻其饥寒为之哀,见其劳苦为之悲。’古人尚知如此,何况我们共产党人?”“民心是最大的政治,正义是最强的力量。正所谓‘天下何以治?得民心而已!天下何以乱,失民心而已!’”

当今世界,和平与发展是主流,区域矛盾和冲突不断,中华民族要实现伟大复兴,就必须由中国共产党带领所有中国人立足中国历史和现实,挖掘中国传统思想文化中与当代中国和未来中国相一致的道德观、价值观和世界观,“明镜所以照形,古事所以知今。”将历史中国、当代中国和未来中国以中国文化连成一线,从而保证中华民族永远走在振兴的大路上,并且保证随着时代的发展而择其善而从,择其不善者而弃,日新日日新,这也是保证中国共产党始终走在正确道路的前提和保证。

社会主义核心价值观是中华文化国际传播的根基

文化具动态性,文化的形成就是一个动态的过程,而文化永远处于形成过程中,处于不断发生发展的过程中,其共时性与历时性具有同一性和统一性。因此,不断汲取与不断释放是文化的常态。而中华文化的生命力,正体现在它始终处于创造性转化、创新性发展之中,这也正是中华文化优秀的根基。

中华文化具有历史性和阶段性特征，中华民族历经数千年发展至今仍焕发着勃勃生机，就是因为形成了恒定的可以作为中华民族身份特征的中华文化，而社会主义核心价值观，则是中华文化在新的历史时期形成的最具有典型性和代表性的成果，“充分体现了对中华优秀传统文化的传承和升华”，是中华文化的新的历史形态和民族精神的具体体现。

源远流长的中华文化历经岁月沉淀，已经融入一代代中国人的心血，成为中华民族的灵魂，代表着中国人的精神追求，是中国之所以成为中国的胎记标识，为中华民族的繁衍生息提供了生生不息的力量，与中华民族的历史沧桑荣辱与共。因此，源自中华优秀传统文化、并代表了中国时代创新要求的中国特色社会主义核心价值观就是承前启后、推陈出新的自然结果，是中华优秀传统文化在新时代的最集中表现形式，得到中国社会、中国人和世界广泛认同，是新时代新中国新力量的高度凝练和集中表现。中国是一个社会主义国家，社会主义核心价值观是中华文化在新的历史发展阶段的先进性体现，是最先进的民族文化和精神的代表。我们所追求的世界和平、国家独立、政治民主、社会平等、人民富裕、司法公正、机会均等，以及人的生存权、发展权，也是人类的共同目标。

“中华优秀传统文化是中华民族的精神命脉，是涵养社会主义核心价值观的重要源泉，也是我们在世界文化激荡中站稳脚跟的坚实根基。”2014 年 10 月，习近平总书记在文艺工作座谈会上说。

社会主义核心价值观，实际上是中国传统文化精华与当代中国、未来中国的发展相结合的产物，是对国家、社会、个人提出的新要求和新目标，既体现了中华传统文化的创新发展需要，也是中国特色社会主义的本质要求，同时也是世界文明与中华文明融合的结果，是中国新时代精神的集中体现，向中国，也向世界说清了中国要成为什么样的国家，要有什么样的社会基础，要靠什么样的人来建设等根本性问题。

文化是软实力，而中国特色社会主义核心价值观则是文化软实力的灵魂，是决定着文化软实力的表现形式和精神面貌的民族基因，因此理应成为组织和发展文化软实力的重点。也就是说，文化软实力建设要以社会主义核心价值观的建设为重心和中心。任何一种文化的软实力，都是在硬实力的基础上所形成的一个国家和民族核心价值观的生命力、凝聚力、感召力，也即习近平总书记所概括的，培育和弘扬社会主义核心价值观是一项“凝魂聚气、强基固本的基础工程”，“如果一个民族、一个国家没有共同的核心价值观，莫衷一是，行无依归，那这个民族、这个国家就无法前进。”这也是文化软实力的精气神和民族精神的经脉。没有核心价值观，将民族无根，国家无魂，民无所依，还谈何民族强大，国家富强？

新时代中国特色社会主义核心价值观首先要入耳入脑入心，要滋养中国人的精神和灵魂，成为中国人自身的血液，“日用而不觉”，化为肌体组织，形成民族实力。因此，要从日常生活中、从一举一动、一言一行中感知、感悟、实践核心价值观，并且要通过教育、制度和法律等引导和规范，使中国特色社会主义核心价值观内化为神，外化为行，形成国民素质、国家品质，并融为世界特质，使中国芬芳，播散于世界。

中华文化崇尚和平、平等，强调尊重主权。中国发展道路基于中国特殊国情，但其所代表的价值理念具有世界性。因此，我们必须旗帜鲜明地向世界说明社会主义核心价值观的历史渊源，从中华文化的深厚积淀中确立中国道路与世界各国发展道路在价值理念方面的共同性和普遍性，并尊重彼此的差异性和特殊性。这是我们基于世界需求要传播的中华文化的基本内涵，也是基本原则。

当一个强大起来的中国走在 21 世纪的圆梦之路上时，中国不可避免地将通过改变自己影响世界，也不可避免地引发世界范围的关注、揣度和怀疑。因此，只有客观地向世界说清楚中国特色社会主义核心价值观与中华文化的内涵，才会让中华民族的复兴之路得到世界范围内更多的理解和支持。

孙宜学

（原载《对外传播》，2020 年第 1 期，有修改）

前言

2021年5月31日，习近平总书记在主持中共中央政治局就加强我国国际传播能力建设进行第三十次集体学习时强调，讲好中国故事，传播好中国声音，展示真实、立体、全面的中国，是加强我国国际传播能力建设的重要任务。要深刻认识新形势下加强和改进国际传播工作的重要性和必要性，下大气力加强国际传播能力建设，形成同我国综合国力和国际地位相匹配的国际话语权，为我国改革发展稳定营造有利外部舆论环境，为推动构建人类命运共同体作出积极的贡献。

在中西文化交汇中诞生的同济大学，自1907年创办伊始就有“国际合作”基因。从德文医学堂、同济德文医学堂到同济德文医工学堂，再到同济大学，从土木见长的工科大学到高水平的综合性大学，深化国际合作始终是历代同济人提高办学水平的重要抓手之一。

“十四五”期间，同济大学将进一步完善国际交流与对外合作战略布局，提升国际交流与对外合作的层次和水平，通过“教师队伍国际化、学生结构国际化、学科专业国际化、‘铁杆朋友’国际化、宣传推广国际化、管理服务国际化”，落实以“国际办学有品质、国际平台有特色、国际师生有规模、国际科研有地位、国际组织有任职、国际会议有声音、国际期刊有文章、国际奖励有名次”为主要内涵的国际化指标，形成全方位、更宽领域、更多层次、更加主动的对外开放格局。

近年来，同济大学国际文化交流学院坚持以创办多元、立体的中华文化国际传播理论与话语体系为导向，致力于讲好中国故事，培养卓越的语言文化国际传播复合型专业人才，为推动中华文化国际传播事业发展、构建人类命运共同体，作出有益探索与创新尝试。学院坚持以培养“知华、友华、爱同济”的留学生为己任，着眼于留学生“中国能力”培养，精心设计“感知中国”活动，积极开展第二课堂教育，面向全校留学生辐射。

学院以“三全育人”综合改革试点为背景，通过中外融合方式，用好传统文化、当代文化、红色文化等育人资源，讲好中国故事，培养直接服务于“一带一路”建设的专业人才。学院组织留学生走进中共一大会址纪念馆、井冈山等红色基地，加深留学生对近现代中国历史和中国人的精神文化底色的认知。以端午、中秋等传统节日和接触书法、剪纸等非物质文化遗产为契机，深化留学生对中华优秀传统文化的感悟和认同。组织留学生深入居民社区、探访新兴科技企业、走进新农村，引导留学生以其亲眼所见、亲耳所听、亲身所感客观全面地了解中国及中华文化、政治与社会、经济与民生的真实状况，从而培养一大批积极传播中华文化的国际使者。

宗　骞

2021 年 6 月

目 录

第一章　传统文化篇

第一节　共习陈氏太极　领悟太极文化

一、提要

太极是文化和哲学，也是运动方式和理念，既具有包罗万象的复杂性，又呈现出阴阳和谐的单一性，其核心是“变易”“中和”，这一核心理念形成了中华文化包容、与时俱进及尚中、尚和的特点。留学生太极拳教育的开展是中国武术国际化进程的一部分，也是留学生与中国传统文化直接接触的平台。留学生有不同的文化背景，在思维方式、习俗、汉语水平等方面存在着差异，学习太极拳不仅可以帮助他们强身健体，陶冶情操，也可以让他们了解中华传统文化，感受中华传统文化的魅力。

二、活动主题

中国传统文化——太极拳。

三、目标

太极拳是中华文化的代表之一，具有特定的哲理性、艺术性和科学性，留学生们对太极拳有着浓厚的兴趣。同济大学国际文化交流学院围绕太极拳与太极文化开展一系列课程与活动，包括太极拳知识传播、课程教学以及参赛实践等活动，带领同学们走近太极拳，走进中国传统文化。

四、实施过程

同济大学国际文化交流学院主要通过开展太极拳课程以及参与比赛进行太极文化的普及与教育，通过理论与实践相结合的方式，带领留学生感受太极文化，领略中华文化的博大精深。具体实践过程如下：

1. 课程学习

我们通过室内、室外相结合的方式展开授课，室内主要进行太极文化理论的普及，室外进行实践学习。

(1) 理论知识普及

通过向留学生介绍太极的基本知识和基本理论，让同学们先对太极拳与太极文化有初步的认识和了解，激发同学们的学习热情和学习兴趣。

太极拳的理论来自《易经》。太极图是一种黑白二鱼图案，由一个圆形图案组成，俗称阴阳鱼。在中国哲学中，阴阳的概念是用来描述在自然界中看似对立或相反的力量是如何相互联系和相互依存，以及它们是如何在相互联系的同时产生彼此。

太极拳是中华优秀传统文化从里及外的形体表达，是东方传统智慧的动态符号，是世界上独一无二的“哲拳”，是老少皆宜的优秀传统健身项目。太极体系包括基本打击、剑、刀、棍、矛、推手等，是一种独特的自卫技术。特别是推手，作为一种典型的中国功夫，以其战术和技巧而闻名，强大而咄咄逼人的对手被一个巧妙的攻击或突然的爆发力击败，故此推手在弱小的人群中非常流行。

(2) 实践教学

在老师的指导下，同学们亲身感受太极拳的魅力。国际文化交流学院每学期都会邀请上海市昌宁太极拳协会主任陈式太极拳传人陈亮老师来为全校的留学生教授太极拳。陈老师从基础开始，教学生们如何练习眼睛、手、步法和内在力量，包括基本打击和十三个动作。

2. 参与比赛

比赛可以激发同学们的学习积极性，既可以加深对所学陈式太极拳的认识，又可以了解太极文化的多样性，是将理论与实践完美结合的重要措施。

2019 年 5 月 25 日，沪上 16 所高校的 40 多个国家 180 余名留学生太极拳爱好者云集第三届上海高校国际学生太极拳友谊赛，一起切磋太极技艺。本次活动由上海市教育委员会、上海市欧美同学会联合主办，分个人和团体两个项目，包括陈氏太极拳、24式太极拳、长器械、短器械等多个种类。友谊赛充分展现了参赛留学生的“谦和、自信、包容、和谐、至善”太极精神和“青春激昂、积极向上”的竞赛风貌。

国际文化交流学院通过选拔和培训，派出了一支由美国、法国、德国、意大利、日本、越南、尼泊尔等国12名留学生组成的代表队参赛。成员除来自国际文化交流学院的留学生外，还有来自土木工程学院和医学院的部分留学生。尽管参赛选手大都是业余初学，但是在陈老师的悉心指导下，经过近两个月的勤奋习练，收获颇丰。12名选手参赛共获得16个奖项，包括男子太极器械一等奖1项、二等奖3项，男子陈氏太极拳三等奖3项，女子陈氏太极拳三等奖6项，女子太极器械三等奖2项，太极拳团体二等奖1项。

赛后，德国学生安娜和美国学生徐佑分别接受了上海教育电视台的采访。安娜兴奋地说，她已经深深爱上了太极，通过学练太极，迷上了中国传统文化，她非常喜欢在上海生活，希望以后进一步提高自己的武术技能，增进对中国太极文化的理解。获得太极剑单项二等奖的徐佑说，自己小时候在美国学过武术，但是没接触过太极，非常荣幸代表同济大学参加本次比赛，以武会友，受益良多。

五、效果

没上太极拳课之前，我对太极拳是一点都不了解的，我只听说过太极，在我了解并且学习了太极拳之后，让我受益匪浅。我在刚开始学习的时候不知道应该怎么去做，很多动作不能够很好地完成，但是老师一直很耐心地教导我们，我慢慢地感受到太极拳的魅力，越来越喜欢。学习太极拳的过程中我很开心，看到老师为了教我们累得满头大汗，我十分感动。希望自己在学习了之后能够每天都可以和同学们一起锻炼身体。

——露易丝(法国)

在日常学习中，我们总是伏案低头，有时候在教室里面上课，也是整天保持一种姿势，身体特别疲惫，所以学习太极拳刚好让我能够有机会放松自己，看着大家一起学习太极拳是一件特别开心的事情。自从我学习了太极拳，我经常会在累的时候用太极拳来放松自己，所以很开心能够学习太极拳，给我的生活增加了很多的乐趣。

——李惠珍（韩国）

感谢学院为我们开了太极拳的课程，也很感谢陈老师的辛苦教学，我学习了很多基础的太极拳的动作，让我得到了一定的放松，我深深爱上了太极。通过学练太极，我发现了中国传统文化的魅力，激发了我学习中国文化的动力，希望自己能够学习更多太极拳的相关知识，也希望学院以后可以为我们提供更多的学习机会，让我们更多地了解和学习太极拳和太极文化。

——康思大（美国）

学习太极拳的过程很开心，认识很多朋友让我觉得很高兴，谢谢老师们开展太极拳的课程，也谢谢老师的指导，希望它能对我以后的生活有帮助。我感受到了中国文化的力量，也希望在接下来的学习生活中能够继续有机会学习到一些文化，这样可以让我对上海和中国有更多的了解。

——丹尼（柬埔寨）

太极拳是中国的传统文化，学习太极拳令我很开心。谢谢学院开展太极拳的课程，让我们能体验到中华传统文化。希望有更多的机会了解中国历史、中国文化，我也会把这些学到的知识带回我的国家。

——月亮（土耳其）

六、案例分析

文化和文明是人类特有的产物与积淀。习近平总书记指出，“提高国家文化软实力，要努力展示中华文化独特魅力”，要“把跨越时空、超越国度、富有永恒魅力、具有当代价值的文化精神弘扬起来，把继承传统优秀文化又弘扬时代精神、立足本国又面向世界的当代中国文化创新成果传播出去”。体育文化是社会文化的重要组成部分，大国崛起的过程必然推动本国体育文化的国际传播，当前我国体育正面临着从体育大国向体育强国的崛起之路，太极文化的传播恰逢其时。

太极拳自诞生以来，历经300多年的传承发展，现已传遍150多个国家和地区，习练人数达4亿之众，光是日本就超过1 000万多人，美国也有约800万人，已经成为“世界第一健身品牌”，被誉为“世界第一运动”。太极拳以其独特的健身效果备受世人青睐，太极拳现在已成为健康中国发展战略的重要内容之一，吸引着世界范围内越来越多研究者的广泛关注和深入研究。太极文化在全球范围内传播之广、影响之大、受众之多，在中国传统文化的国际传播项目中可以说无出其右。

体育文化反映着一个国家和民族的精神风貌和价值追求，太极文化是伟大的中华民族的东方文明重要代表之一。太极文化及太极拳的精髓是阴阳为一、阴阳相依、阴阳互化和阴阳生生不息。从根本上说，世上万事万物都是阴阳既相互对立又相互统一的矛盾双方组成，对立统一规律是自然界、人类社会与思维的根本规律。中华文明的伟大与神奇之处，正在于此；中华民族的文化自信和骄傲，正源于此。

在当前国际文化传播语境下，太极文化传播面临着难得的历史机遇。系统归纳并总结太极文化这一中国传统文化与西方文化的共通之处，扩大以太极文化为代表的中国传统文化国际传播具有鲜明的时代意义和历史意义。为此，在培养知华、友华的留学生过程中，同济大学国际文化交流学院将太极文化传播作为传统文化体验的重要组成部分。

单一的教学方式容易使学生丧失兴趣，且不容易取得理想的教学效果。要全面地展现太极拳的魅力，吸引留学生，帮助他们更好地学习和了解太极拳，我们尝试以理论与实践相结合的方式，使留学生对太极拳的运动特点有直观的感受；通过体育竞技的形式，让同学们在比赛过程中深入了解太极文化，对太极拳的国际化推广工作有良好的促进作用。总之，教学方法要多种多样，灵活变化才能取得良好的教学效果，才能够让同学们在兴趣之中发现中国传统文化的魅力，加深对中华文化的了解。

第二节　齐挥狼毫泼墨　感受汉字魅力

一、提要

中国是具有五千年历史的文明古国，书法与雕版印刷都是中国文化长廊中璀璨的明珠，展现出独特的艺术魅力。在对外汉语教学过程中，融入留学生书法教学与以雕版印刷为代表的汉字载体的实践体验，一方面可以使汉语学习者兴趣倍增；另一方面，书法教学、雕版印刷体验以中国汉字为基础，学习者可以了解中华民族传统文化思想，便于他们解构汉字，更好地学习汉语。

二、活动主题

中国传统文化——书法、雕版印刷。

三、目标

通过开展书法课程讲授、书法比赛、雕版印刷实践体验以及各类学生活动，向留学生展示中国文字的艺术性，带领学生一同学习书法与雕版印刷，领略中国书法、雕版印刷等优秀中华传统文化的魅力。

四、实施过程

（一）书法文化传播

书法是一种视觉艺术，与中国绘画同源，二者相辅相成。中国书法是中国哲学、东方文化与华夏民族精神气质的象征。中国书法以汉字书写为基础，以处理笔画对空间的分割为表现形式，在纸、帛、绫、墙壁等载体上，按照或者基本按照汉字的结字规律，用笔画分割空间，得出汉字的结构形式和整体形象，使之表现出艺术的形式美。

主要通过三种途径向留学生传播书法文化，分别为课程、比赛、实践活动。通过多样化的教学模式，让留学生们感受书法魅力。

1. 开设书法课程

面向全校留学生开设中华文化兴趣课，通过课程将中国传统文化以一种可触摸的具化方式向留学生传播，既可以让学生学到中国优秀的传统文化知识和技能，又能够让学生在学习过程中不断感受到中华文化的精神和魅力。

书法课通过 PPT 讲解及现场实践的方式，让学生慢慢了解到书法的千年历史与演变过程。课堂上大家听得十分认真，很多同学也会拿起手机录制视频，课后回去继续练习。在每一次的课程中，学生们都会拿起毛笔，研墨、提笔、横折竖勾、点提撇捺，纷纷挥毫“泼墨”，沉浸在书法的魅力之中，在翰墨书香中真切地感受着这门“形与意”“气与力”相结合的东方古老艺术。留学生在学习过程中慢慢掌握了正确的握笔姿势和毛笔字的书写方法，字体也从最初的歪歪扭扭到连笔成字。

2. 学生活动中融入书法学习

(1) 国际文化交流学院留学生参加跨校区交流研习营

2020 年 11 月 10 日，同济大学国际文化交流学院 23 名留学生参加了由同济大学学生处、国际文化交流学院、经济与管理学院共同主办的留学生跨校区交流研习营活动。书法老师向留学生讲解了篆书、隶书、行书和楷书的汉字演变历史，带领学生们开笔、蘸墨，逐一指导留学生写下“魅力上海”四个大字。书法课中师生频繁互动，老师的亲切鼓励使留学生获得了学习汉字的信心，增加了汉语学习的兴趣。

(2) 传统节日体验传统文化

“福”是中华民族的传统文化元素，是吉祥的象征，表达了人们对美好生活的向往。为了弘扬中国传统文化，增进中外学生友谊，2019 年元旦前夕，国际文化交流学院开展“写福字、迎新年、送福字”活动，活动吸引了来自本院和其他学院的中外学生 30 余人共同参与。

活动现场,飘满墨香。旅居新加坡的著名书法家、中国书画协会理事王若川老师通过对“福”字体演变的介绍,勾勒出了汉字演变的历史。

王老师讲道,“福”字最早出现在甲骨文中,是向神明或祖先奉献的意思,其表现形式多达120余种。它的涵盖面非常广,伴随中国几千年的历史文明的变迁与发展,如今已经渗透到了人们生活的点点滴滴,折射出整个中华民族的生活观念及价值观。

中外学生在现场饱含创作热情,挥毫泼墨。“这是一笔‘福’字,一笔下来,一气呵成。代表着‘幸福’‘福气’,寄托了人们对美好生活的向往,也是对美好未来的祝愿。”中国学生如是道。

“这是我第一次学写书法,感觉非常有趣。希望下次可以学习写对联!”来自柬埔寨的同学说。

(二)雕版印刷传播

雕版印刷极具中国特色,是中国传统智慧的结晶。雕版印刷术是世界现代印刷术最古老的技术源头,民族特征鲜明,传统技艺高度集中,2009年入选世界非物质文化遗产名录。

同济大学国际文化交流学院组织留学生来到图书馆闻学堂,听取闻学堂老师介绍雕版印刷的方式和历史。原来这个诞生于唐代的印刷“活化石”,曾经对中国乃至世界的文化传播都产生巨大的推动作用。

有同学提出问题:“雕版印刷与活字印刷有什么区别?”老师仔细地解释道:“雕版印刷早于活字印刷,后者是前者经过发展和创造而产生的更高效、方便的印刷方式。”通过授课一问答的形式增加课堂互动,帮助留学生对中国文化的发展有更深的理解。

实践阶段,留学生以雕版印刷拓印《大学》《孙子兵法》两部古籍,了解同济大学校训中“同舟共济”一词的来源。

每个同学都亲手尝试了雕版印刷的拓印方法。第一步刷墨,因为对毛笔和墨汁不了解,很多同学在第一次刷墨时会出现深浅不一、用量不当的问题,老师细心地观察并指导每一位同学的用墨量,使之达到雕版的每个角落都有隐隐反光即可。

下一步便是铺纸,把纸轻轻地放在已经刷好墨汁的雕版上,需注意上头的宽度要大于下端。闻学堂的老师向同学们讲述了古书装订的注意要点。然后用刷子一点一点地把雕版上的墨汁拓印到纸上,拓印过程中动作一定要轻柔,需注意每一个字是否被完整地拓印下来。

最后一步是把纸张当机立断地从雕版上取下,如果先前刷子按压得太重,脆弱的宣纸很有可能出现破碎,看似简单的雕版印刷,其实考验的是印刷人的耐心和细心。

同学们还参观了闻学堂内的中国汉字和篆刻的双语展览,里面详细地记录了中国汉字的发展过程和篆刻的种类。一名来自美国的同学指着墙上的狂草对老师说:“这个特别像我在中国看病时医生写的字。”引得全场欢笑一片,大家表示赞同。

老师简单地介绍了中国的四大发明和纸的发展历程,从最早的竹简到目前使用的质地细腻的宣纸,中文文字载体走过了两千多年的技术改进之路,中国目前还有部分少数民族保留着传统的造纸术,东巴纸便是其中一种。

书法课程的学习让留学生们感受到亲手实践的乐趣,学生们也惊叹于中国文化源远流长。这种全新的授课方式受到了留学生的广泛好评。

五、效果

以前在新闻上看到中国过年的时候大家都会一起写对联,今天我也能够写了,虽然我写的字还不是很好看,但是看到自己写的字,还是很开心,我感觉很幸福,这是一个让人开心的课程,也是一次特别好的活动。还有一点,就是在学习书法的过程中,老师们也在向我们介绍中国的一些文化,这样让我更多地学习了中国文化,也能够对我正在生活和学习的中国有更多的了解,而且也能让自己更好地融入校园,加深了我对中国的认识,非常感谢。

——贝拉(纳米比亚)

书法很有趣，我们学得也特别开心。老师会给我们讲一些中国的古诗，虽然有的时候我听不太懂，但是还是觉得很有趣。而且我觉得书法很美，我喜欢自己用笔写下的汉字，我觉得它很有魅力，它跟我们日常写的字不一样，有一种特殊的美，我很喜欢。

——单妮卡(菲律宾)

书法是一种很有魅力的艺术，我在生活中也经常看到，有时候走在路上，很多店铺的牌子就会用书法来写，而且有的时候我们在一些物品的包装上面也能看到它，书法在我的生活里面经常出现，每次看到，我都觉得它很漂亮，有一种独特的美。在自己学习了书法之后我更加发现了它的美，我对书法还是很感兴趣的，所以学习书法的过程中我收获了很多，也进步了一点。在学习之外，我也喜欢上了收藏一些含有书法元素的事物，我感觉自己找到了一个宝藏，希望以后自己能够坚持学习书法，以后也可以写出漂亮的汉字。

——莫芳(马拉维)

感谢国际文化交流学院为我们组织学习书法，这个课程真的很好，我们不仅能够学到书法，学到更多的汉字，还能够学习到中国文化，这是一种思想的交流和碰撞，让我看到了中国的艺术和西方艺术的不同，我觉得这不仅是学习书法的过程，更是一个学习文化的过程，所以这门课程对于我来说非常有意义。

——郭乔一(刚果)

很开心！雕版印刷真有意思！中国文化真有意思！朋友们和老师们都可爱。后面其他的中国文化活动我都很想参加！之前也有在课堂上，通过老师播放 PPT 等形式来了解雕版印刷等中国传统文化，但是给我们留下的印象远远不如这次活动来得深，因为这次我们是自己动手、亲自参与的！希望今后能有越来越多类似的活动！

——弥额尔(德国)

六、案例分析

书法是中华优秀传统文化中不可或缺的一部分，更是华夏文明精髓的代表之一。书法艺术与中国文化相表里，与中华民族精神成一体。书法也体现着人对自然的感受，通过笔墨纸，以凝练的线条彰显着它的文化内涵，将我们对世界、对美好生活的感知和热爱完美地表达出来，与绘画、音乐其他艺术形式等相比有其独特的文化积淀，体现出书法艺术独特的魅力。对于漂洋过海来中国求学的留学生来说，书法充满着新奇与魅力，通过学习中国书法，可以加深留学生对中华文化的了解与热爱，推动书法艺术的国际化传播。

兴趣是最好的老师，如何实现留学生的识字教学向艺术活动的过渡，引导留学生由写字技巧训练向书法艺术创作过渡，这是书法文化的传播过程中所不能忽略的一个问题。在书法教学的实践领域，建立较完备的书法教学体系，开展形式多样的教学活动显得尤为重要。通过不同的途径来激发留学生对书法学习的兴趣，可以在教学的过程中增添新鲜元素，如写对联等活动，打破传统的一教一学的教学模式，激发学生的创作兴趣，让学生在自由的创作空间中更好地发挥，并形成长期稳定的兴趣。

鲁迅先生曾说："镂像于木，印之素纸，以行远而及众，盖始于中国。"雕版印刷术是一种具有突出价值且民族特征鲜明、传统技艺高度集中的人类非物质文化遗产，凝聚了中国造纸术、制墨术、雕刻术、摹拓术等多种优秀的中国传统工艺，最终形成了这种独特的中国文化工艺。雕版印刷是世界现代印刷术的最古老的技术源头，为人类文明发展做出突出贡献，它的使用对文化传播和文明交流提供了便捷的条件。

留学生通常对雕版印刷的了解，大多只停留在"四大发明"之一的表层印象里。对外汉语教学，不应当仅仅停留在表面，应当使留学生通过各种形式对汉语产生更深层次的理解与认知，甚至使留学生从一块块简洁的雕版印刷纸张中了解到中国传统文化的深层精神。正如冯骥才所说："我们的民间文化是我们民族凝聚力的沃土，也是一个辽阔的磁场。民族的凝聚力在民间就是一种亲和力。它内含着共同的生活愿望，美好的人际关系，高尚的生活准则，以及优良的行为操守与道德传统。而民间文化的传承本身也是一个传统教育的过程。所以说，真正意义上的民间文化传统就是民族精神的传统。”

汉字经历几千年的演变，代表着中国博大精深的特色文化，书法与雕版印刷都是汉字的重要载体。通过中国书法与雕版印刷的教学可以让留学生亲身体验中国文化，可以增强他们对中华文化的了解，激发他们对中华文化的兴趣，切实感受中华传统文化的魅力，感受中国精神、中国特色。

第三节　演绎指尖艺术　绽放非遗之美

一、提要

陶艺、剪纸、面塑等指尖艺术都是灿烂的中华民族文化艺术的重要组成部分，小小指尖点缀着文化的气息。中国指尖艺术文化独一无二，它向留学生展示了中华文化的博大精深与源远流长。通过亲身实践的方式进行文化体验，增强留学生对中国传统文化的认知，培养知华、友华的留学生。

二、活动主题

中国传统指尖文化——陶艺、剪纸、面塑。

三、目标

通过开展陶艺、剪纸、面塑一类的传统文化体验活动，一是让留学生了解多彩多样的中国传统文化；二是让留学生在文化体验过程中，培养劳动实践精神。

四、实施过程

1. 中国陶文化体验活动

2019 年 3 月 22 日至 24 日，“同济大学留学生中国陶文化体验活动”顺利举办。此次中国陶文化体验活动为期三天，以留学生体验制作紫砂壶为主。此外，留学生还参观了徐秀堂陶艺庄园和宜兴彩陶厂。

紫砂壶分为四个步骤：预备、制作、烧制及后续工序。预备包括泥料预备、工具预备和造型预备。从矿中挖出的生泥需天然分化，然后破碎、碾细，并用 60 目筛子筛选，再手工或机械练泥；工具包括工作台、打泥条、打身筒、尖刀、做圆形泥片的矩车、处理各种装饰线条的工具如线梗、明针等。目前高端紫砂壶成品不用印膜制作，而采用手工捏作。做好的茶壶首先要阴干两三天，去除壶胚内的水分，否则烧制的时候容易炸裂。器坯阴干后装匣钵进窑烧制，壶具还需整口，有的还要增加抛光包铜、金银丝镶嵌等工序。留学生在师傅们的带领下，学习中国的陶艺文化，亲手制作紫砂壶。

2. “妙剪生花”中国剪纸艺术体验

2020 年 12 月 24 日，为了使留学生了解中华文化，感受迎接新年的气氛，国际文化交流学院面向全校留学生，举办“非物质文化遗产”中国剪纸艺术体验活动。

来自上海市闵行区颛桥镇的非物质文化传承人给留学生介绍了剪纸技艺的文化。剪纸艺术内容广泛、题材多样，花鸟、鱼虫、禽兽、戏曲人物、神话和民间故事无所不包，特别是汉字剪纸，深受留学生喜爱。各国学生只需准备一把剪刀、几张彩纸，就可以跟着非遗大师剪剪刻刻，一个有趣的汉字、乖巧的小动物便呈现在眼前。

留学生对剪纸艺术十分好奇，老师一边介绍中国剪纸艺术文化，一边指导留学生动手剪纸，留学生带着对中华文化的好奇和求知，发散思维，纷纷制作出自己对中国新年的祝福。

3. 面塑体验课

面塑作为一种中国传统民间艺术，具有很高的观赏价值和艺术价值。2018 年 8 月 17 日，台风影响下的上海风雨交加，但依然浇灭不了同学们对中国文化的喜爱和热情。面塑课上，同学们创意连连，笑声不断，做出的成品都很有特色和观赏价值。

五、效果

我亲眼看到了宜兴悠久的制陶历史和灿烂的陶器文化，紫砂壶是中国特有的手工制造陶土工艺品，它的制作始于明朝正德年间。之前只在电视中听过，觉得这是一种具有丰富内涵的文化产品，现在能够学习制作，这让我感觉很兴奋。

——张子慧（美国）

这次文化考察非常有意义，让我们深入地了解中国文化——陶瓷，还让我更加敬佩中国古代的能工巧匠。天申陶业实习基地那里的空气很新鲜，下了车深深地呼吸，自己感到身体舒畅了很多。我们集体合影，还遇上了一些同济的中国同学。

看老师做茶壶示范的时候好像没有那么难，但是等到自己开始动起了手才意识到，想要把一个茶壶做得很精致不是件简单的事，有一门好手艺的同时也要有创意。

在宜兴的体验之旅中，我再次深深地感受到中华文化的博大精深，就连陶瓷都有如此多的精纯技艺，对中华文化又多了赞叹。

——安心（日本）

我们深入工匠们的制作现场，在深刻感受到匠人精神的同时也让我发现了自己的潜力！同时，借此机会我也获得了与中国学生和其他留学生交流的机会，收获很多。今后我也想进一步接触中国文化，了解中国。

——迪亚斯（哈萨克斯坦）

这次文化考察让我体验到了制作面塑的工艺，在这个过程中我也有多次想放弃，但是对面塑作品的期待和对自己心血的不舍最终让我坚持了下去！这也让我更明白了实践远比旁观难。今后的学习生活里，我会努力做到知行合一，让活动不虚此行。

——普心雨（泰国）

我们参观了天申陶器工厂，老师们对我们很热情，他们介绍这次深度陶文化体验的安排，我们还参观了徐秀堂大师陶艺庄园和工业化陶器生产流水线。接下来老师教我们怎么做传统的紫砂壶。老师做得很仔细和专心的。我看到做紫砂壶的过程才明白做成紫砂壶的不易。制作原料是紫砂泥。回家的那一天我们都做成了自己的作品，每个同学下面写了自己的名字。老师说，这些作品干好之后他们会寄给我们。对我来说，这个活动不仅是一个旅游，而且是一个难忘的体验。这不仅是一次近距离制作陶器的体验，还是对中国陶文化的深度了解。

——崔美玲（韩国）

六、案例分析

陶器的起源是多元的，是农耕文化发展到一定阶段的产物。陶器是人类发明史上的重要成果之一，是中华传统文化的重要组成部分。紫砂陶制作原料为紫砂泥，原产地在江苏宜兴，是中国特有的手工制造陶土工艺品，可上溯到春秋时代的越国大夫范蠡，迄今已有 2 400 多年的历史。和陶为伴，以陶为生，数千年的传承，使宜兴形成了以紫砂器为主流的制陶产业并由此而产生了陶文化，成为名副其实的“陶都”。明武宗正德年间宜兴开始用紫砂制壶，到明代末期臻于成熟，500 多年间不断有精品传世。紫砂壶特点是不夺茶香气又无熟汤气，壶壁吸附茶气，日久使用空壶里注入的沸水也有茶香，曾有“人间珠宝何足取，宜兴紫砂最要得”的美誉。

面塑，俗称“捏面人”，中国汉代就有文字记载。捏面艺人以糯米面为主料，调成不同色彩，根据所需随手取材，几经捏、搓、揉、掀，用小竹刀灵巧地点、切、刻、划、塑成身、手、头面，披上发饰和衣裳，顷刻之间，栩栩如生的艺术形象便脱手而成。千年的面塑艺术文化走到今天，它承载了很多中国人文地域文化的精髓，面塑是使民艺和民俗成为一种文化整体的代表之一。

剪纸有着悠久的历史，被称为古老文化的“活化石”，1 500 年以前南北朝时期《木兰辞》中就有“对镜贴花黄”的诗句。现代剪纸艺术家在古风的基础上，大胆创新，使剪纸以一种新颖、独特的艺术形式出现在艺坛上。今天的剪纸创作已不再局限于喜字、窗花、灯花、刺绣花样的民俗范围，而是追现代艺术之风，走进舞台美术、影视、邮票、包装设计、艺术表演、大型展览、服装设计、民族服饰、餐饮装饰、报纸杂志等领域，与人们生活息息相关。

为了使同学们更好地参与和体验中国传统的指尖艺术文化，同济大学国际文化交流学院多年邀请非遗文化传人，举办不同类型的指尖艺术体验活动，例如陶文化体验、剪纸体验和面塑体验等活动，让同学们亲自动手，亲身体验中国传统文化的乐趣和魅力，提高实践能力，增进对中华文化的了解。

以陶艺文化为例，百闻不如一见，到陶都宜兴去看成熟的制陶工艺，了解这是不可复制的地方资源与特定的人文背景相结合的独特产物。陶艺具有丰富的科技与人文内涵及厚重的历史底韵，陶艺也是宜兴的城市文化符号。

剪纸和面塑是体现中华传统美学的技艺，经过上千年的传承和经营，早已是中国文化和民间艺术的一部分，它们是研究历史、考古、民俗、雕塑、美学不可忽视的实物资料。这类指尖艺术，简单易学，取材方便，却是富有个性化创造空间的手工艺术，亲身体验这些指尖艺术更能让留学生们体会到人民创造艺术、艺术源自生活的深刻内涵。

第四节　共度传统佳节　遥想古人风姿

一、提要

为了提升留学生对中国传统文化和新时代中国的了解，同济大学国际文化交流学院每年都会带领留学生感受中国传统节日文化，如元宵节、端午节、中秋节等。疫情期间，特别安排留在校内的学生参加“手塑饼同月，心祈世团圆——中外师生同庆中秋，共迎国庆”活动、环同济第16届“元宵行街会”民俗文化集市，鼓励在校留学生制作活动视频，分享给境外的同学。通过体验中国的传统节日，走进寻常百姓生活，了解中华文化习俗。

二、活动主题

“手塑饼同月，心祈世团圆——中外师生同庆中秋，共迎国庆”活动；环同济第16届“元宵行街会”民俗文化集市。

三、目标

受新冠疫情的影响，很多留学生已经一年多未曾与家人团聚。在中秋节、元宵节这个传统节日里，国际文化交流学院举办了“手塑饼同月，心祈世团圆——中外师生同庆中秋，共迎国庆”活动及参加环同济第16届“元宵行街会”民俗文化集市，让同学们感受到家的温暖。通过活动向留学生展示传统习俗，包括焚香祈祷、拜月仪式、走三桥等传统中秋习俗，元宵节习俗及传统美食制作方式。更具纪念意义的是，2020年的中秋节和元宵节，全球疫情还在肆虐时，中国民众享受这抗疫艰巨努力之后的一方宁静。留学生在学习、了解中国传统文化的同时，深刻认识到中国在抗疫期间的大国担当。

四、实施过程

1. 中秋节文化体验活动

活动以一场别开生面的文化体验课开始。卞舒舒老师和来自土耳其的月亮同学一问一答,以现场演示和知识问答方式为现场及云端的同学们上了一节中国传统文化课。卞老师语言生动幽默,介绍中秋焚香祈祷、拜月仪式、走三桥等传统习俗以及月饼的由来,加深了留学生对中秋节文化内涵的了解。以浪漫的爱情故事“嫦娥奔月”作为结尾,使中秋这个传统节日更添神话色彩,也使中国文化更添神秘魅力。

留学生艾达、尤尼斯和阿敏多分别以法语、阿拉伯语和葡萄牙语介绍中秋节,帮助不同国家的同学们更好地学习和理解。

西苑食堂的惠师傅详细地介绍了苏式月饼的制作方法,同学们分别在几位师傅的指导下开始尝试制作月饼。从一开始的稍显笨拙到逐渐熟练,面皮也从最初的“姿态万千”到漂亮饱满,同学们做得热火朝天,互相交流制作窍门,一时间欢笑连连。

月饼送入烤箱烘烤的间隙,同学们在明信片上给海外同学、家人写下中秋寄语,表达对幸福生活的向往,对亲朋好友的祝福,对海外同学的关心和邀请。

“海上生明月,天涯共此时”“但愿人长久,千里共婵娟”,同学们跟随卞老师学习并朗诵经典古诗词《望月怀远》和《水调歌头》,尽情领略古人对美好的追求,对团圆的渴望,遥感古人的卓越风姿。

活动现场,老师们还与留学生分享了中国抗击疫情的过程和努力,学生们以自己的亲身经历和感受表达了对中国支援全球抗击疫情的感想。同学们纷纷表示:中秋是中国的团圆节,今天能在中国安静、安全地赏月、吃月饼,感到特别幸福。他们浪漫地表示:希望圆月将他们祝福传递到世界的每一个角落,希望全世界共同努力,齐心协力,共同抗击疫情,让世界回归正常,人人得享和平幸福;他们还将思念托付给明月,愿其他留学生早日重聚校园,一同吟诗、赏月,手拉手,心连心,共同感受中国传统文化和新时代中国的魅力!

2. 环同济“元宵行街会”民俗文化集市

从一个民间的行街灯会到成为上海非物质文化遗产项目，上海四平社区组织举办的“元宵行街会”已经成为每年元宵节杨浦市民最期待的节目。学院每年组织留校留学生参加民俗文化集市，与四平社区居民共迎元宵节，感受浓浓的节日气氛。

2019年2月19日，同济大学国际文化交流学院组织了来自15个国家的36名留学生组成同济大学方阵，参加在苏家屯路举办的以“金猪拱福门，睦邻闹元宵”为主题的杨浦区环同济第十五届“元宵行街会”民俗文化活动，留学生身着民族服装、带着笑容亮相，来自哈萨克斯坦的蕾拉同学和来自柬埔寨的欣奇拉同学为本次元宵节行街会活动献上了宋词《青玉案·元夕》，欢快的非洲鼓节奏引得围观的市民报以阵阵掌声和欢呼。感受到了社区居民热烈的欢迎和亲切的问候，留学生们也用简单的中文表达内心真挚的感谢之情。

留学生在闹元宵行街会的民俗展示一条街中感受中华传统文化的绚丽多彩。布堆画、大龙灯、上海花样经、剪纸、房式蛋雕、京剧脸谱制作、麦秆画、微雕、竹笔逆锋倒书、瓶中船模、江湾面花等民间技艺引起了留学生的兴趣。社区居民用中英文热情地向留学生解释如何操作，关心他们初到中国的生活和学习感受，听到留学生说中文，社区居民表示“很灵”（上海话，意思为“很好”），这增加了留学生学习汉语和继续表达的信心。留学生向社区居民介绍自己国家新年风俗，社区居民听得很入迷。留学生因为友善的社区居民而喜欢上四平社区，四平社区的居民因为留学生而对他们的国家产生兴趣。

2021年2月25日下午，来自俄罗斯、日本、土库曼斯坦和佛得角的留学生同杨浦区四平社区的环卫工人、小学和幼儿园师生、居民代表来到四平社区文化活动中心，在环同济第16届“元宵行街会”民俗文化集市中，一起包汤圆、扎灯笼、剪纸牛、猜灯谜……今年的“元宵行街会”因为疫情防控需要缩减规模，比往年户外举办时“迷你”了很多，但活动现场仍然精彩纷呈，各种非遗和民俗体验让留学生和社区居民感受到了节日的欢乐。只见俄罗斯学生李斯婷在社区老师的指导下，与大家一起包起豆沙汤圆和彩色水晶小圆子。身边的环卫工人还掂起盘子，亮出老家的绝活——滚元宵,李斯婷连连称赞:“厉害!厉害!”现包现煮的汤圆热气腾腾出锅时,大家各自捧上一碗,纷纷称赞“好吃!”用3D打印笔做传统糖画,在鸡蛋壳上画牛,用丝线缝制香囊,一边念花样经一边剪纸,扎出卡通牛形状的灯笼……丰富多彩的非遗手工制作体验让留学生们大饱眼福。

五、效果

很激动能够参加这样有趣的活动。我时常会思念我的家人与朋友,而今天我学到了如何和中国古人一样表达自己对亲人与朋友的思念,那就是《水调歌头》中的“但愿人长久,千里共婵娟”。我深深体会到了中国的文字之美,也尝试去想,哪怕我和家人、朋友们不在同一个国家、同一个城市,但是我们享受了同一轮明月。这么想着,心里对家人朋友的思念有所缓解。经过有趣的诗词学习、品尝月饼等活动,我感觉在学校里也像在家一样,老师与同学给了我很多温暖。最后,感谢同济国际文化交流学院的老师们给我这个机会参加如此有趣的活动!

——伯乐(索马里)

我在家乡的时候就曾经听过嫦娥的爱情故事,知道中国有一种名为月饼的食物,但是从来没有吃过,也不知道长什么样子。在这次活动中,我不仅吃到了月饼、知道它长什么样子,甚至还知道它是怎么做的!真是一次神奇又难忘的经历。如果我的家人来到中国,我也会带他们一起品尝月饼,因为这是一种很美味的食物。或者等我回到家乡,我会亲手制作月饼给我的家人品尝,因为这是我来到中国学习后的一大收获。也许这就是中国人说的“授人以鱼不如授人以渔”,很感谢学院能够举办这样有意义的活动,既让我们了解了更多的中国文化,又让我们学到了实用的手艺!

——阿玛葛(也门)

这是一次很有意义的活动,使我对中秋文化有了更加深入的认识。活动一开始,我和同学们都很开心能从卞舒舒老师和月亮同学那里学到很多关于中秋的中国传统文化知识。包月饼是我最喜欢的环节。老师告诉我们,中国有很多种不同的月饼，因为中国很多地方的风俗都不一样，我们今天学习的是苏式月饼。包月饼并不是一个简单的事儿，我们必须温柔对待我们手里的面团，放入烤箱的时候也要小心翼翼。通过包月饼的学习，我发现要吃到一个月饼并不是一个简单的事。

包完月饼之后，我们学习中国古代著名诗人苏轼的作品，虽然对这首诗的意思并不能了解很清楚，但是我仍然能从老师朗诵的样子中体会到它的美。老师让我们在明信片上写对家人与朋友的思念。我很喜欢这种形式，因为我从小就有给朋友写明信片的习惯。来到中国后我也给朋友寄过几次中国的明信片，上面有许多中国的美丽风景，我想让我的朋友和我一起欣赏。这次活动写的明信片，可以让我的朋友们感受到我参加这次活动的喜悦。希望疫情早点过去，我的朋友与家人能够早点来到中国，和我一起品尝月饼、体验中国有趣的传统文化！

——潘珍妮(巴拿马)

这是我在中国度过的第一个让我真正能够感受到在过中秋节的节日。我们的国家也有中秋节传统。但是我们家并不会过，我之前都是在华人朋友们的描述中了解中秋节的习俗。在参加这个活动之前，我只知道中秋节对于中国人来说是一个很重要的节日，以及这个节日有很多有趣的风俗，但是不知道具体有哪些活动。很感谢国际文化交流学院能够举办这一次的活动并且邀请我们参加，让我们学到了很多关于中秋节的习俗与文化，感觉自己对于中国文化的了解更加深入了。令我同样感受很深的是，老师告诉我们中国是如何抗疫的，我为中国人民做出的一切努力而感到震撼。新冠肺炎是一种可怕的传染病，很多发达国家都没有处理得很好，但是中国能够处理。在中国期间，我也为我的家人们和在美国等疫情还很严重的国家的朋友们感到担心。在写明信片的环节，我把我对家人朋友们的思念都写在了明信片上，希望我能够早点和我的家人、朋友们相聚。

——曺智鉉(韩国)

很开心能够接受电视台的采访。这是我来中国第一次参加这样的活动，用串珠做手工艺品非常有意思，四平社区的老师非常耐心，手把手教我制作。猜灯谜活动也很特别，但是灯谜太难了，还要加强汉语学习，希望以后也能猜中，拿奖品。

——雅库布（土库曼斯坦）

六、案例分析

中秋节，又称祭月节、月光诞等，是中国民间的传统节日。中秋节源于上古时代，普及于汉代，定型于唐朝初年，盛行于宋朝以后。中秋节是秋季时令习俗的综合，自古便有祭月、赏月、吃月饼、玩花灯、赏桂花、饮桂花酒等民俗，流传至今，经久不息。中秋节以月之圆兆人之团圆，为寄托思念故乡、思念亲人之情，祈盼丰收、幸福，成为丰富多彩、弥足珍贵的文化遗产。中秋节与春节、清明节、端午节并称为中国四大传统节日。受中华文化的影响，中秋节也是东亚和东南亚一些国家尤其是当地华人华侨的传统节日。2006 年 5 月 20 日，国务院将其列入首批国家级非物质文化遗产名录。

元宵节，中国的传统节日之一，又称上元节、小正月、元夕或灯节，时间为每年农历正月十五。正月是农历的元月，古人称“夜”为“宵”，正月十五是一年中第一个月圆之夜，所以也称为“元宵节”。根据道教“三元”的说法，正月十五又称为“上元节”。元宵节习俗自古以来就以热烈喜庆的观灯习俗为主。

在传统节日的庆祝活动中加入了朗诵诗词等环节，不仅能够让留学生了解中国传统节日文化，还能够学习中国的诗词歌赋，学习中国的传统习俗，这些都进一步激发留学生对中文及中国文化的兴趣与喜爱之情。乡愁和思念是人类的共同情感，疫情难阻思乡情，游子“云”团聚，留学生们寄相思于物，用中国式的浪漫表达对亲友的思念之情。这样的特殊经历，一定能进一步提升留学生对中国传统节日的认识，与中国师生建立起“患难之交”。

新冠肺炎疫情爆发期间，中国面临了国际上许多无端的指责和不友善的声音。2020 年国庆、中秋双节恰逢同一天，老师向留学生们展示了中国抗疫的努力与成效，现场的学生们谈了他们在中国的亲身体会，这些事实和真实感受也随着网络与海外的学生云间相见，帮助和引导留学生全面、公正地看待问题，提升中国的国际形象。

第二章　当代文化篇

第一节　解析历史变迁　体会城市发展

一、提要

每座城市作为中国发展的缩影，是中国社会主义建设的成果体现。带领留学生走进中国代表城市，不仅能为留学生传播地理文化知识，更能为留学生树立历史意识、汲取精神养分，从而更好地理解中国文化和中国当代国情。

二、活动主题

历史是一个民族、一个国家形成、发展及盛衰兴亡的真实记录。通过考察城市发展历史足迹，有助于促进留学生对中国城市文化的理解，感受社会主义城市建设成果。

三、目标

通过城市考察，促进留学生了解代表性城市或地区文化，引导留学生体会中国不同的城市形象和城市精神，带领留学生体会社会主义现代化的建设成果。

四、实施过程

1. 陕西考察

国际文化交流学院组织选拔了来自十多个国家 26 名优秀本科学生参加“留学生陕西文化考察活动”，在渭南和西安两地参观学习，感受中国历史文化底蕴，感知中国传统文化魅力，通过实地探访走进中国西部。

陕西是中国古人类和中华文化的重要发祥地之一，是中国历史上多个朝代政治、经济、文化的中心，是中华民族历史文明最早走向世界的地方，也是现代中国革命的圣地，为炎黄子孙的生存、繁衍和人类历史文明做出了独特的贡献。

渭南有“三秦要道，八省通衢”之称，在先秦时期，东、西方之间就存在着以丝绸为主要交换物的经济贸易。张骞通使西域以后，进一步拓展了中西陆路交通，隋唐时期丝绸之路的发展达到顶峰。宋元时期，我国经济、政治中心开始南移，特别是海上贸易有了重大发展，丝绸之路逐渐衰落。明清时期，海上交通贸易的进一步发展，通过丝绸之路与欧洲进行的贸易几乎没有了，但中国与中亚、西亚的贸易仍保持着一定的规模。这些史实帮助留学生更好地理解“一带一路”倡议，共建“一带一路”。秉持古丝绸之路形成的丝路精神，符合各国人民的共同愿望，顺应时代发展潮流，具有重要现实依据和现实动力。

陕西省韩城东北方向的党家村内依旧保留着古老的石砌巷道、高大门楼、考究的上马石、庄严的祠堂，挺拔的文星阁、神秘的避尘珠、华美的节孝碑与布局合理的四合院，向留学生们展示着中国古代传统村寨的样貌。陕西西安作为丝绸之路的起点和中国古代十三个王朝的都城，是华夏文明诞生、发展的重要地区之一。在陕西历史博物馆，留学生不仅通过文物看到了历史，也从历史中学会了很多中文词汇的来源，比如“五音不全”“问鼎”，感受中文的源远流长和博大精深，加深了学习中文的兴趣。

2. 南京考察

36 名留学生从上海出发乘坐高铁抵达南京，参加“南京文化考察”活动。高铁车厢内空间宽裕，高铁运行高速平稳，深受留学生好评，“中国速度”也成为一张独具魅力的名片。

从棠邑、濑渚邑或是越城起算，南京建城大致已有 2 500 年，是一个有历史、有文化的城市。六朝、南唐、明朝、民国是南京古代和近代城市规划史上最重要的四个时期，也是南京历史上最辉煌的时期。作为六朝古都，南京成为中国南方的政治、经济、文教中心，社会富庶，交通便利，贸易繁荣。夫子庙内祭奉孔夫子，留学生久闻孔子大名，老师向留学生解释墙壁上论语经典语句的含义，传递中国古代价值观中的“仁义礼智信”，俨然是一次移动课堂的体验。

南京城墙是明城墙的遗存地段，在老师的介绍下，留学生想象明朝蜿蜒盘桓35.267千米、规制恢弘的明长城，感叹中国城市建筑的雄伟壮阔，佩服万分。南京云锦博物馆向留学生展示了“南京城市名片”之物产名片——南京云锦，作为南京经典传统丝制品，南京云锦至今仍保留着传统技艺，由传统的提花木机织造，在现代纺织机器的发展下也未使用大规模工厂织造，每块云锦都体现云锦织造工人的匠人精神，具有丰富的历史和艺术价值。

金陵文化兼容历史和现代，南方和北方、传统和开放兼备的特色，在中国城市文化中别具一格。如果说“乐和礼序”的传统理念创造了古代都城的辉煌，那么“天材地利”的城市规划造就了南京城市的辉煌。中山陵是中国近代伟大的民主革命先行者孙中山先生的葬骨之所，他通过革命的形式终结了中国两千多年的封建帝制，将“民族、民权、民生”的概念引入了中国政治生活，促进了中国民主思想的觉醒。中山陵被誉为“中国近代建筑史上第一陵”，一方面，中山陵依山而建，博爱坊、墓道、陵门、石阶、碑亭、祭堂和墓室等排列在中轴线上，陵墓周围建有诸多景观，体现出陵墓主人的崇高地位，增加了恢弘的建筑气势，融合了中国建筑的设计元素和理念；另一方面，从空中向下看，中山陵整体呈“自由钟”的形状，加入了西方建筑的元素。这座陵墓集合中国古代与西方建筑之精华，留学生身在中山陵中，感受到了中外文化融合的极大魅力。

3. 苏州考察

国际文化交流学院组织32名进修留学生参加苏州文化考察活动。苏州市的经济总量位列全国地级市之首，苏州在中国城市文化中占据重要地位。苏州山水优美、园林建筑极具特色，具有得天独厚的旅游发展资源，有“上有天堂，下有苏杭”的美称。历代文人墨客留下了丰富的文化遗产，如昆曲、评弹、吴门画派等。而苏州长期以来处于中国江南经济重心的地位，经济繁荣，贸易发达，创造了丰富的物质文明。

得益于苏州雄厚的经济基础，苏州古城得到了苏州当地政府精心的保护。“江南园林甲全国，苏州园林甲江南”。狮子林充分展现了苏州园林之美，每个建筑背后都是有趣的历史故事，在老师的引导下，留学生从园林的布局和设计中体会中国人的传统审美、建筑智慧和价值取向。同济大学以建筑见长，留学生们更是自发研究建筑的工程架构。苏州博物馆分为新馆和忠王府两部分，其中新馆建筑由著名华人建筑大师贝聿铭设计，简洁的风格既富含苏州园林的特色，又充分考虑到采光等实用功能的需要。在博物馆内，留学生有机会观赏数万件出土文物、明清书画和古代工艺品，江南水墨画的飘逸和轻柔直观地呈现在留学生面前。

苏州护城河沿途经过盘门、胥门、金门、阊门等苏州古城门，古运河的水碧绿清澈，动静结合，泛着灵气，留学生乘船游览苏州河，领略中国的江河之美，体会中国古代桥梁建筑艺术，同时欣赏国家级非物质文化遗产——苏州评弹，了解中国传统地方戏曲艺术，赏阅“吴地遗珍”，感受了光辉灿烂的吴地文化。在苏州古城迄今为止保存最为完整的一条历史老街——平江路上，留学生们感受到了中国的风土人情，观赏到“吴文化”中的民俗手工艺品和文物展品，路边的桂花糕、酒酿丸子、鲜肉月饼、海棠糕、竹筒糍粑、大碗茶等特色小吃也使留学生对中国丰富的饮食文化有了深层次的了解。

从1996年的“东园西区，古城居中，一体两翼”到2012年苏州启动“一核四城，四角山水”的城市发展战略，从古城到新城，我们清晰地看到了苏州城市发展的轨迹。如今政府以姑苏区为核心，发展北部高铁新城，南部太湖新城，西部狮子山商业区、科技城，东部金鸡湖风情商业区，在保护古城风貌的同时缓解城市交通拥挤的情况，开创了一城多中心的局面。苏州是中国经济发展迅速、历史底蕴丰厚的城市代表，给留学生留下了深刻印象。

五、效果

陕西文化考察活动给我留下了很多记忆，气势磅礴的兵马俑、高城深池的城墙、渭南博物馆中的丝绸……让我大开眼界，了解了更多中国秦汉时期的历史故事、传统文化以及古代名人，我觉得非常荣幸，我感谢同济大学提供这样的机会给我。

——潘成功(柬埔寨)

我对中国古老的文化感兴趣，文化遗迹历经岁月的洗礼，给我现在的生活很多启示。骑着自行车走在明朝的古城墙上，心里感觉中国真的很伟大！中国地域辽阔，文化丰富，文化考察活动给我带来了更加深刻的印象，也让我更好地理解中国、读懂中国。

——黄灵儿(泰国)

我喜欢苏州的老街，每一处都很美，我一定会带我的家人来中国，带他们去古镇吃美味又便宜的东西，我喜欢一边喝茶一边听中国人聊天，如果我的中文有进步，我愿意和更多的中国人交朋友，听他们讲苏州的更多故事。

——弗力格(德国)

我一直对屋顶弯曲的老式中国建筑感兴趣。苏州的花园非常漂亮，很多颜色的花组合在一起看起来像彩虹。中山陵是孙中山的陵墓，我很敬佩他，他非常伟大，我希望能像他一样，把中国文化和印度尼西亚的文化结合起来。中国是一个非常亲切的国家，能够包容其他的文化。

——牟飞(印度尼西亚)

我想我正在目睹并且体验中国文化的一个侧面，我知道自己的中文学习还有很长的路要走，但每一次体验都让我感觉离中国文化更进一步，我很感谢同济大学给予我们这些很珍贵的机会。南京的考察让我见识到中国云锦的精美和丰富，中国人纺织技术的精湛和工人的坚持。

——崔允娜(韩国)

六、案例分析

四大文明古国中只有中国的文明没有中断，延续至今。经历了朝代的更迭和历史的洗礼，中华文化一直延续至今，未曾被其他文化取代，也未曾消失。中国城市是中国文化的缩影，了解不同的城市，就是了解中国文化的不同层面。城市文化考察是非常受留学生欢迎的第二课堂活动方式，可以让留学生更加全面地了解中国重要城市的文化特点和发展历程，生动形象地向留学生呈现我国的城市变迁与发展。我们有意识地组织留学生参观有着悠久历史但又在当今区域经济中发挥着中心作用的城市，促使留学生对中华传统文化、当代文化的直观了解。

西安有 3 100 多年的建城史和 1 100 多年的国都史，先后有 13 个王朝在此建都，是中国历史上的重要政治中心。如今的西安城很好地保留了历史痕迹，西安明城墙是中国现存规模最大、保存最完整的古代城垣。如果说陕西是西部大开发的第一阶梯，西安则是西部大开发的桥头堡，总书记在陕西考察时强调："要深度融入共建'一带一路'大格局，加快形成面向中亚、南亚、西亚国家的通道，商贸物流枢纽，重要产业和人文交流基地，构筑内陆地区效率高、成本低、服务优的国际贸易通道。"

六朝古都南京是一个见证历史的城市，也是一个有着深厚文化底蕴的文化历史名城，是经济大省江苏的省会城市、东部地区重要中心城市和长三角特大城市。利用历史文化的积淀和现代的开放创新，南京成了经济开放活跃、文化底蕴深厚的中国城市的代表。苏州作为著名的江南城市，拥有温婉秀丽的城市氛围，文化痕迹浓厚，是古今中外人们的向往之地，这座城市很好地结合了江南的妩媚和经贸的灵动，动静结合，别有一番风韵。

中国幅员广阔，伴随着不同的时代机遇，中国的经济文化中心多极化的趋势越来越明显，各个城市的变迁和在变迁中形成的文化是历史与现代的结合。留学生在沪生活学习，他们对中国城市的理解大多基于对上海的了解，组织留学生到各地开展调研，扩大留学生对中国城市的观察视野，多方位了解中国的区域发展和城市变迁。

第二节　聚焦新兴科技　了解行业动态

一、提要

党的十八大以来，我国进入全面深化改革、扩大对外开放的新阶段。《关于做好新时期教育对外开放工作的若干意见》和《推进共建“一带一路”教育行动》中指出，来华留学随教育对外开放一同进入提质增效的发展阶段。组织留学生参加科技企业参观活动，让留学生亲身体验中国经济社会的发展，帮助留学生深入了解中国国情，促进中国科技“走出去”。

二、活动主题

通过社会实践和科技企业参观的形式向留学生介绍中国科学技术发展成果，促进中国科技“走出去”。

三、目标

通过实地考察科技新兴企业的实践活动，引导留学生了解中国企业文化和科技创新精神，将中国智慧和精神内涵介绍给世界各地的留学生。

四、实施过程

1. 上海三菱电机·上菱空调机电器有限公司考察

上海三菱电机·上菱空调机电器有限公司位于上海浦东，是一家中日合资企业，三菱电机作为全球的七大空调生产基地之一以及中国唯一的空调生产基地，从家居生活、办公环境、高楼大厦，到社会基建、航空航天，三菱电机的业务足迹遍及世界。学院带领中国政府奖学金预科生赴三菱电机参观，通过公司总务部部长的讲解，留学生了解公司的概况和发展历程。在生产流水线工作人员的陪同下，留学生参观了三菱电机的内部流水线生产场景。留学生对空调生产流水线有着极大的好奇心，接二连三的专业问题都得到了圆满的答复。尽管车间噪声较大，但留学生的热情丝毫不减。随后，留学生们又体验了空调噪声消音实验室内的寂静无声。经过对生产车间的参观，留学生对三菱电机的认识更上一层楼。

2. 上汽荣威智能广场体验

学院组织汽车相关专业或者对汽车行业非常感兴趣的 17 名留学生来上汽荣威智能广场开展“沉浸式”中国科技体验。上海荣威智能广场设有全国唯一向公众开放的自动驾驶体验区域，工作人员介绍了上汽在新能源技术、互联网科技、智能驾驶等领域取得的最新研发成果。汽车自动倒车入库，能与留学生进行中文问答、人机对话的智能机器人管家，都让留学生们很惊叹。数字化沉浸式体验让留学生感到兴奋，识脸荐车的屏幕前留学生期待着 AI 给自己的描述、标签和锁定的车型，各种有趣的描述或让留学生相互开起了玩笑，有些一针见血的精准描述让留学生惊叹 AI 未卜先知的能力，大家还争相自拍一张留念。刺激的 VR 驾驶舱让留学生置身于真实的场景中，听着仿真的机器声音，体验着在星际、山道、隧道、未来都市四大场景中飞驰的刺激，留学生很好奇三维模拟的驾驶舱是如何设计和创造出来的。

3. 参观上海洋山深水港

上海洋山深水港位于杭州湾口外的浙江省嵊泗列岛，是一座国际化大型集装箱货运港口，是我国第一座离岛型港口，也是我国第一个保税港，岸驳水深 15 米，可允许装载 1 万个集装箱以上的大型货轮靠港运作，截至 2018 年，该港是全球最大的智能集装箱码头。学院组织全院 300 余名留学生乘船参观洋山深水港，上岛参观展厅，对洋山港的建设历史有了更全面的了解。留学生途径东海大桥，东海大桥一端连接上海浦东新区芦潮港，另一端向外海延伸 32.5 千米后衔接小洋山岛，大桥设计荷载按集装箱重车密排进行校验，可抗 12 级台风、7 级烈度地震，设计基准期为 100 年，海岸是中国第一个海上风电场，也是亚洲最大的风电场，年发电量10万千瓦。

五、效果

我参观上海三菱电机空调生产流水线的时候，一方面觉得房间里用的空调原来那么复杂，一个个零件生产出来并被组装成一台空调，但是这些零件的生产在机器的帮助下变得很容易，其实我知道技术的每个发现和进步却很难。很多技术人员在实验室中研究如何降低空调噪声，他们很专业。每一个细节都决定着空调的质量，我很感谢这些技术人员，他们让我的生活更加方便。另一方面，上海三菱电机·上菱空调机电器有限公司是中日合资企业，我看到了两个国家的员工分工合作，共同向一个目标努力，中日关系将变得越来越好。

——矢部翼（日本）

在上汽荣威智能广场看到能够听得懂我说话和我互动的机器人，我觉得很神奇，我希望未来能够和其他人合作研制一款会说老挝语、中文和英文的机器人，这样机器人能够与很多人交流，没有限制。

——希年（老挝）

我知道形容上海发展之快的一句话，说上海是一年一个样，证明了中国的经济发展能力特别强，所以我很荣幸能来上海留学。我很喜欢汽车，上海大众公司的汽车看上去很漂亮，而且非常智能。之前，我在网上看到了无人驾驶的汽车的视频，一直觉得很厉害，这次我真实看到了无人驾驶的汽车，我感到很震撼。我本来担心无人驾驶会不安全，但是我看到技术人员的介绍和展示，我的担心没有必要。现在的汽车像是一个人一样，有眼睛，有耳朵，有嘴巴，有大脑，我觉得如果中国掌握了人工智能技术，中国的发展将会越来越快。

——初兴（泰国）

在洋山深水港，我看到了机器代替工人工作，我觉得非常神奇而且有趣，机器不用吃饭睡觉，在很冷或者很热的天气中，机器依然工作，没有休息，而且机器工作更加快。中国的经济发展很快,我认为能来到上海学习,非常有意义,我希望学好中文之后能学习机械专业的本科,毕业之后回国,将中国的科技成果介绍给我的国家,并且鼓励更多朋友来中国学习。

——马贝儿(佛得角)

上海洋山深水港让我大开眼界,我看到了一个依靠技术力量不断壮大的新兴的中国,我看着这个能够日夜不休息不断工作的港口,我仿佛能看到想象到来自我的国家的食品和木材等跨越印度洋,来到上海的港口,然后送到我的手里。我觉得通过科技的发展,上海与世界其他国家和地区的距离越来越近了。

——阿敏多(莫桑比克)

六、案例分析

随着互联网行业的进步和信息传播途径的多样化,世界各国的信息往来愈加快捷,中国的经济腾飞受到了世界的关注,也是世界各地留学生来华留学的初衷之一。近年来,学院对不同类型的留学生开展问卷调查结果显示,"中国的科技进步和经济发展"已逐渐取代"中国历史"和"传统习俗"成为留学生在华学习期间最感兴趣的话题。带领留学生走进中国企业,帮助留学生了解中国现当代的科技发展情况,是"感知中国"第二课堂活动的发展方向。

首先,带领留学生走入企业考察,了解中国各领域的新兴科技成果,是为了开阔留学生的视野。来华留学生在华期间,切身感受到科技发展带来的生活上的便利,企业参观可以引导留学生在更开阔的视角中,多方面了解中国的科技发展现状,思考中国在改革开放之后如何勾画新的发展格局,引入新的发展理念,建立新的发展模式,同时为世界的科技发展带来长足的创新和进步。

其次,结合留学生的学科背景和未来发展方向,实践活动使留学生获得科技和工程类的专业知识,为留学生叙述中国本土的技术逻辑和先进技术如何融合发展,相互补充。诸多留学生都希望将中国科技发展成果引入自己的国家,以帮助自己国家发展经济或者完善基础设施，将中国的科技发展与自己国家的发展瓶颈联系起来有助于进一步提高留学生的学习动机，明确学习目标或者研究方向，进而形成以目标为导向的自我驱动式的学习模式。

最后，为留学生的职业发展奠定基础。人才的创新人格、问题意识、批判思维和创新能力，推动我国实现从制造大国向智造强国的飞跃。企业作为社会经济发展的一部分，企业文化也是中国文化的缩影。留学生在考察过程中，听企业员工讲述企业发展史，了解创业过程中的挑战和机遇，有助于留学生意识到创新创业精神和合作精神的重要性，在学习中有意识地多方面锻炼自己，提高自己的竞争力。

第三节　中外文化融合　体验社区温暖

一、提要

引导留学生融入中国社区，是留学生管理服务和思想教育工作的重要内容。熟悉环境的中国普通居民能够帮助留学生解决学习生活上的困难，多元文化融合有利于培养留学生的文化自信和树立健全的人生观、价值观，对留学生未来在中国的学习生活具有重要意义。同时，社区认同感、归属感对培养留学生的“友华”情怀具有重要意义。

二、活动主题

带领留学生以社会实践形式走进中国社区，参与民俗活动，发挥社区育人功能。

三、目标

利用社区活动的平台促进中外民间交流，有利于促进多元文明融合互鉴，文化共享共荣。通过社区平台，一方面，留学生拥有更多机会全面体验中国的民生国情，加深对中国传统文化的理解，提高汉语的应用能力；另一方面，社区居民借助中外融合的社区活动拓展国际视野，了解“一带一路”沿线国家的文化特色。

四、实施过程

1. 2018 年虹口区“全国科普日”巡演活动

2018 年虹口区“全国科普日”主场活动以科普文艺展演形式，集合各街道、社区、社会组织、企事业单位等科普文艺作品，突出科学与民生、艺术、人文的结合，将科普融入公众生活，营造讲科学、爱科学、学科学、用科学的社会氛围。2018 年 9 月 14 日，在曲阳社区文化活动中心举办的巡演中，泰国学生金丽蕊和柬埔寨学生陈光利合唱歌曲《漂洋过海来看你》，他们将跨越万里来华学习的坚定情怀融入歌中，标准的汉语发音让台下的社区居民不相信他们两年前才接触中文，留学生对中国的向往让社区居民倍加感动。德国的伊莎贝和中国小女孩云朵在虹口图书馆 3 楼剧场主会场合唱《我要飞》，来自美国、德国等国的五位留学生伴唱，留学生的汉语带着口音却依旧自信，展示着朝气蓬勃的精神面貌。中外融合的和谐画面获得了台下观众热烈的掌声，有些社区老人更以自信的留学生为榜样，鼓励中国孩子勇敢地展示自己。

2. 包饺子・写春联・猜灯谜・年夜饭

2019 年 1 月 28 日上午，学院组织寒假未回国的来自老挝、尼泊尔、肯尼亚、哈萨克斯坦、坦桑尼亚、匈牙利等国家的 23 名留学生参加同济大学社区组织的“包饺子・写春联・猜灯谜”联欢活动。

当天下午，学院组织留学生参加了同济大学社区留校师生年夜饭。同济大学党委书记方守恩和校长陈杰在联欢活动上发表新年致辞，寄语全体同济人弘扬青春正能量，用青春梦激荡中国梦，共同为同济大学的美好明天、为中华民族的伟大复兴贡献自己的青春力量。校领导来到留学生中间，了解留学生的学习和生活情况，同时送上了学校精心设计的“二十四节气主题餐券”、春节餐券及正月十五元宵券、读书卡、电影券、同济定制版公交卡及故宫日历等新春福礼。

春节是中国的传统节日，象征着热闹喜庆，辞旧迎新，春节期间亲戚朋友间相互赠礼，相互送上新年祝福。留学生只身一人来到中国学习，在中国师生与家人团聚共迎新年的时候，难掩失落。社区此次年夜饭活动为留学生带来了极大的安慰，让他们感受到老师和同学带来的家庭般温暖。同时，社区举办的年夜饭也颇具特色，每一道菜都有好听的名字，有着丰富的寓意，中国学生耐心为留学生解释每个菜名的意思，提醒他们中国的餐桌礼仪，也为留学生带来了生动的中华文化课程。

3. “舌尖上的四平”美食节活动

“舌尖上的四平”是四平社区一年一度上海市民节的重要单元。2019 年 3 月 23 日，国际文化交流学院组织 18 名热爱烹饪的留学生代表参加了“舌尖上的四平”四平社区第四届美食节。留学生身着多彩的民族服饰，带着精心准备的本国特色美食与数百名社区居民分享，热情地向社区居民介绍自己国家的饮食文化，同时品尝中国各地特色美食，借此机会深入中国社区生活。留学生表示，没想到中国人这么喜欢我们的菜，觉得非常开心。活动中留学生和社区居民在轻松愉悦的氛围中频繁互动，对学生建立文化自信格外重要。

4. 四平社区运动会

2019 年 10 月 26 日上午，13 名留学生代表同济大学国际文化交流学院参加环同济四平社区第九届运动会。留学生带着自己的国旗，来自几内亚比绍的安吉利和来自菲律宾的丹妮卡换上了民族服饰，成了一道亮丽的风景线。留学生候场时，四平社区的中国居民和中小学生争相与他们合影，听说留学生会说中文后，不禁开始热烈交流。留学生意识到学好中文对他们融入中国社会的重要性。四平社区的中小学生以“陕西腰鼓表演”为运动会开场，引得留学生连连鼓掌，四平社区舞蹈团带来的《我和我的祖国》以动人的旋律获得留学生的青睐。趣味运动会环节中，留学生们相互配合，力争上游。在最后的拔河环节，中外学生一起并肩为同济而战，虽只是拿到第二名，但是同舟共济的友谊比奖杯重得多。

五、效果

我在虹口区“全国科普日”活动中，与云朵一起合唱了《我要飞》，其中一句歌词给我留下深刻印象，“我敢飞，有梦就追，一种骄傲尊严的美”。来到中国是我的梦想，虽然我知道在中国我会遇到很多困难，但是我非常开心。云朵是一个很可爱的孩子，唱歌很好听，排练的三周内，我们常常见面，在和她交流的过程中，我渐渐了解了中国孩子的生活状态。在演出的那天，我们的表演赢得了非常多的掌声，我激动得快哭了，这次表演让我终生难忘。

——伊莎贝(德国)

因为机票太贵，所以我寒假不回到我的国家。在我的国家，人们不过春节，春节是中国的节日。在春节那几天，同济大学的校园特别冷，路上没有人，我觉得有点孤独。就在这时，同济大学社区通知我们参加学校的年夜饭。我第一次距离同济大学校长这么近，我知道他很关心我。中国同学也为我不断解释菜名，告诉我吃饭时怎么跟老师说话。因为我的老师和同学们，我觉得特别开心，我喜欢同济大学，喜欢中国人，喜欢中国。

——阿拉付(也门)

我喜欢热闹，但是我中文不大好，尤其是我害怕和中国人说中文，在社区活动我认识了很多善良的中国人，他们问了我很多问题，孩子们和我一起照相，我觉得非常开心，我看着他们觉得像是在自己家一样。我要好好学习中文，这样，我能更好地回答他们的问题了。

——范昆多(巴拿马)

虽然泰国是中国的邻居，但是泰国菜和中国菜有很大的不同。小时候，我的爸爸妈妈常常教我做饭，所以在中国上学的时候，我常常在宿舍做泰国菜。听说很多中国人喜欢泰国菜，我很认真地为“四平美食节”做准备，我希望向四平街道的居民分享我做的泰国菜。看到他们那么喜欢我做的菜，我觉得非常开心，再苦再累也值得。希望他们有一天能够来泰国，那里有更多好吃的菜。

——江莉莉(泰国)

我曾经参加过几次运动会，这次“四平运动会”最让我难忘。我和中国同学一起参加拔河比赛，我们代表了同济大学，我们是朋友，是相互支持的家人。

——维克多(刚果布)

六、案例分析

社区是城市的基本单元，社区现象反映着中国社会的基本情况。留学生在华学习期间，面对着巨大的学业压力和环境适应压力，中国大学校园中的设施完备，留学生能够在校园内解决几乎所有的学习和生活需求，所以大多数留学生过着“教室、宿舍、超市”三点一线的生活，生活简单规律，很少主动走出校门了解校园外发生的事情。为了解决留学生与中国社会接触少这一现况，拓展留学生的生活空间，丰富留学生的精神世界，带领留学生更好地融入中国社会，学院多年来不断尝试充分利用社区资源，带领留学生走出校园。

首先，在与社区居民的交流过程中，留学生可以融入社区“大家庭”的交往氛围，在谈话中学习中文的多种生动表达，了解中国不同地区的方言和汉语表达习惯，在情境学习中提高汉语的听说能力。社区居民注意倾听，常常鼓励和肯定留学生的中文表达，从包容和气的社区居民中获得的情感支持，能够使留学生增加自信心，不再畏惧与中国人交往，在社区中产生归属感，减少在异国他乡的孤独感受。

其次，在不同主题的社区活动中，留学生各展所长，从不同方面向社区居民展示自己国家的文化。在此过程中留学生是自己国家的代言人，一方面，留学生为了赢得社区居民对自己国家的好印象，尽可能地向社区居民展现良好的精神面貌；另一方面，社区居民对留学生的展示有所回应，表现出较高的兴趣，能提高留学生的文化自信心。

最后，留学生加入社区活动，也为社区带来新的生机和活力。在日常生活中，大多数老年社区居民并无太多与外国人接触的机会，留学生作为中外文化的使者，能够用中文与社区居民进行沟通和交流，向社区居民介绍世界多元文化，为社区居民带来不同的文化体验，在中外文化的碰撞过程中，相互鼓励，共同学习。

第四节　走进美丽乡村　触摸全新画卷

一、提要

通过社会实践的形式，带领留学生走进乡村、走进田头，体验农耕种植，与当地居民进行深度交流，通过所见所思，理解上海"美丽农村"和中国"乡村振兴"的思路，见证社会主义新农村的建设成果，帮助留学生理解中国政府在乡村建设和发展中的治理能力和乡村发展的内动力。

二、活动主题

中国农耕文化历史悠久，中国现代化目前最大的短板仍在乡村，通过实践考察了解中国乡村的生活现状、教育情况和生产模式，是留学生"感知中国"的重要途径。

三、目标

让留学生通过各类主题实践活动，以其亲眼所见、亲耳所听、亲身所感客观了解中国乡村现状，理解中国的乡村振兴战略。

四、实施过程

1. 崇明岛考察实践

同济大学国际文化交流学院组织300余名留学生乘车经长江隧桥前往崇明岛参观。上海长江隧桥呈现南隧北桥的结构，将上海浦东与长兴、崇明两岛相连，隧桥本身的斜拉桥造型使之成为上海市地标性建筑，留学生可以由此了解中国桥梁建筑前沿技术。

上海将崇明定位为世界级生态岛，先后编制《崇明三岛总体规划》《崇明生态岛建设纲要》《崇明世界级生态岛发展“十三五”规划》，加强崇明生态环境建设，严格控制开发建设，形成现代化生态岛基本框架。这些年，崇明通过美丽乡村建设，坚决不搞大开发，坚持“绿水青山就是金山银山”和“一张蓝图干到底”，坚持环境保护优先，深入推进水环境治理，发展绿色农业等举措，农业、农村面貌焕然一新。

崇明江南文化村位于崇明生态岛中北部，以江南地区传统的民间、民俗、民族文化元素为主题，以衣、食、住、行、玩、艺、商为分类，是非物质文化遗产挖掘、展示和传承的重要基地。中华龙宫、崇明土布馆、长寿博物馆、行知园以及具有江南代表性的56个系列展示馆，寓知识性、文化性、史料性、趣味性为一体。年过古稀的老艺人用生动的木偶艺术表演了励志的王冕放牛故事。留学生了解中国传统文化的同时，学习中国老艺术家的匠人精神，体会中国古代读书人吃苦耐劳、不畏艰难的民族品格。

崇明糕是崇明人用当地“四月种九月熟”的糯米、稻米、赤豆、红枣混合浸泡后蒸制而成的年糕，过年时家家户户蒸糕的习俗一直延续至今，崇明糕传统制作技艺已被列入上海市非物质文化遗产项目。

生态农场中的农民老人向学生介绍土地政策的发展情况，带领学生收割水稻、碾米、编草绳、编草垫、扎稻草人、采摘水果，留学生们在劳作中收获了快乐，与家乡的农业进行对比。

2. 江苏海门实践考察

江苏省南通市海门区位于北岸，东北濒临黄海，南靠长江，为长江泥沙沉积形成的沙洲，素有“江海门户”之称。根据《南通市海门区乡村振兴示范建设行动方案》，海门地区紧密结合沿江沿海风光带建设和张謇历史人文记忆轴，突出张謇文化人文景观和江海田园风光的特色。按照“产业兴旺、生态宜居、乡风文明、治理有效、生活富裕”的思路，集中力量建设市级示范村，推动乡村空间形态、产业形态、环境生态、民生质态全面优化升级。

国际文化交流学院留学生代表前往江苏海门，开展“感知中国，观古阅今：一带一路留学生海门行”活动。师生一行参观了张謇纪念馆、颐生文博园、江海博物馆，了解海门城市文化特色，体会乡村振兴的成果。张謇是中国近代著名实业家、教育家、慈善家，为了实现兴国的梦想，先后创办了20多个企业、370多所学校，是自强不息、敢为人先的信念支撑他为国为民付出了毕生心血。在张謇创办的颐生文博园，中国独特的酿酒方式和酒文化令同学们啧啧称奇。江海博物馆是中国唯一以江海为主题的中型博物馆，也是海门最有看点的文化地标之一。海门人民昨天战江斗海，今天追江赶海，明天筑梦江海的奋斗故事，让留学生对海门“海纳百川、强毅力行”的城市精神有了更深刻的理解。

五、效果

今天是我第一次来到崇明岛，在这里，我看到了中国的农村，了解了最新的农业技术，我很惊喜，没想到中国的农业这么发达，我会告诉我的爸爸妈妈，让他们向中国的农民学习。崇明岛上的人们非常好，他们喜欢和我们说话，他们告诉我们中国农村的土地发展历史，我学到很多知识。

——何瑞斯（斯里兰卡）

两天的活动让我看到了意想不到的上海。让我最兴奋的是崇明岛“设计丰收”新农村体验，在那里我们先吃了崇明糕和新鲜的蔬菜和水果，然后割了稻子，在爷爷奶奶的帮助下用稻草做了各种各样的编绳以及稻草人。我希望下次我还有机会来参加此类活动并且更好地了解中国，我喜欢中国人，他们都非常关心和照顾我，我很喜欢他们的生活态度。

——雷若华（尼泊尔）

感谢老师组织了这样的活动，我学习了很多新的知识，比如如何种植和收获大米，用稻草能做出什么东西，如何用水浇灌土地。我更了解中国的乡村，我学习到了课本上没有的知识。我喜欢和中国人交朋友，虽然工作很辛苦，但是他们很开心地笑，我也告诉他们斐济的景色，希望他们可以来斐济旅游，我愿意做导游。

——邓蔼桦（斐济）

让我印象最深刻的就是海门张謇纪念馆。讲解老师说，张謇非常聪明，他小时候受过良好的教育，生活在封建制向现代转型的阶段。在他学成之后，希望把知识教给更多的孩子，帮助国家更好更快地发展起来。所以，他办了很多的学校，让更多的中国孩子可以受到教育。我觉得他非常了不起。

——林铭（西班牙）

我的国家在内陆地区，我没有见到过海，在江海博物馆我看到了很多与海有关的文物。解说员说大厅的中间是西游记中的定海神针，我对西游记很感兴趣，一听到这句话，我就更加喜欢这个博物馆了。在博物馆中，我看到了江海文化的发展过程，看到了古时候人们的茅草房，他们在河里捕鱼，农作，街道上有酒馆和药店，在博物馆中看到了海门过去、现在和未来。

——马李卡（乌兹别克斯坦）

六、案例分析

中国是农业大国，有5.5亿多农业人口。在社会主义现代化建设的进程中，农民增收、农业发展、农村稳定是关乎中国社会稳定发展、国民素质不断提高、中国经济稳健增加的关键问题。党中央多年来把“三农”问题作为全党工作的重中之重，通过各项政策促进农村生产经营模式转型。

崇明岛被称为“上海最后一块真正的生态净土”，上海市政府将该岛定位为“生态岛”，以生态保护为优先选择，不盲目实施一般性的产业开发，围绕“美在生态，富在产业，根在文化”的建设主线，在保留农村特色文化的基础上，不断改善农村生态品质，挖掘具有特色的乡村文化，推动乡村形成独具特色的竞争优势。留学生参观游览崇明，领略江南的农耕传统和民俗文化，能更加直观地领悟地方政府对崇明岛的发展思路和政策支持，了解中国社会主义新农村文化建设成就，体验崇明可持续发展理念及生态科技的运用，可以使留学生更加全面地了解上海建设“美丽乡村”的文化与生态战略设计。

海门临海，是一个生态系统多样的海滨城市，当地政府依托历史文化优势，充分利用乡村的自然生态、传统文化、旅游资源等优势，用产业带动乡村旅游、用旅游促进农民增收，走出了一条具有江南特色的文旅融合发展之路。

学院为留学生选取具有代表性的活动地点开展田野调查，着重探索不同地域的乡村如何将当地农耕文化或者渔业文化与经济建设相结合，改变农村落后的面貌，推动乡村转型，但又不破坏农村原有生态，促进农村各项事业的长足发展。农民群众精神饱满，展现了良好风貌，通过田野调查，留学生更好地体会到了中国政府为人民办实事的工作作风。

第三章　红色文化篇

第一节　走进一大会址　寻觅党的初心

一、提要

依托红色文化资源在中国大学生价值观认同和文化自信培养方面的有效运用，向留学生介绍红色文化，打破留学生跨文化教育的敏感区，激发他们对中国红色文化的兴趣，进而推进留学生对中国红色文化的心理认同，有助于红色文化资源的国际传播，向世界展示中国实践背后的思想力量和精神力量。

通过开展"追寻历史脚步，聆听中国故事——走进一大会址"活动，促使留学生对中国近代史、中国共产党的诞生和发展有进一步的了解，在留学生群体中提升上海乃至中国的形象，培养留学生对中国文化的认同感，增强中国对外话语的感召力和公信力。

二、活动主题

"追寻历史脚步，聆听中国故事——走进一大会址"活动。

三、目标

江浙沪地区有着丰富的红色文化资源，借助参观考察等方式，把红色文化介绍给留学生，走进留学生跨文化教育的敏感区，激发他们对中国红色文化的兴趣，一同打造同济大学红色文化品牌，提高同济大学国际化教育水平，助力同济大学"走出去"的国际化战略。

四、实施过程

毛泽东主席曾说，"中国产生了共产党，这是开天辟地的大事件"。一大召开标志着中国共产党的正式成立，犹如一轮红日在东方冉冉升起，照亮了中国革命的前程。中共一大会址纪念馆作为党的诞生和发展的重要见证，不仅是讲述建党历程和建党思想的重要基地，也是留学生了解中国、了解中国共产党历史的一扇窗口。

为培养更多的知华、友华的留学生，在同济大学留学生教育实践中彰显红色资源的探索性尝试，同济大学国际文化交流学院联合学研工部，共同举行“追寻历史脚步，聆听中国故事——走进一大会址”的教育实践活动。来自俄罗斯、韩国、尼泊尔、泰国等国家的 17 名留学生在学研工部、国际文化交流学院留学生辅导员的带领下赴中共一大会址纪念馆开展“沉浸式”中国文化体验。本次活动得到了同济大学宣传部中国特色社会主义理论研究中心的大力支持。

中共一大会址纪念馆位于上海市黄陂南路 374 号，现为“上海市外国留学生中国文化体验基地”，原址为中共一大的上海代表李汉俊之兄李书城的住所。1921 年 7 月，中国共产党第一次全国代表大会在这里举行，中共一大会址是中国共产党梦想启航的地方，中国共产党从这里诞生，从这里出征，从这里走向全国执政。纪念馆收集和陈列了许多中国共产党成立时的珍贵历史文物，详实地记录了中国共产党成立的历史背景和几代共产党人的奋斗历程，生动展现并还原了中国共产党成立这一深刻影响中国和世界历史进程的开天辟地的重大事件。

纪念馆一层展现的是“前赴后继，救亡图存”和“风云际会，相约建党”两部分，前一部分讲述了中国近代遭受列强侵略的屈辱史和仁人志士前赴后继的斗争史，后一部分讲述了马克思主义在中国的传播和全国各地共产主义早期组织的建立，即建党的背景。纪念馆二层的主题是“群英汇聚，开天辟地”，即中国共产党成立的再现，包括对 13 名中共一大代表生平的介绍，利用联合声光电的手段，对与会者热烈讨论情形进行的生动还原。此外，二层还有“中国共产党创建历史文物陈列”展览厅，一件件文物无声诉说着先烈们建党的气魄。

对很多留学生来说，中国共产党一直都是充满力量、带着中国走向越来越好发展道路的执政党，却从来不知道建党之初，这个弱小的组织面临的环境有多么困苦、党的成立有多么艰难。通过对三个主题以及展览厅的参观，同学们不仅深入了解中国共产党的历史，更深刻体会到中国共产党作为领航人，带领中华民族实现独立自主和繁荣富强的伟大奋斗历程，加深了对中国共产党的钦佩和认同。

五、效果

我的妈妈是上海人，在来之前她跟我讲过一大会址的历史故事。以前在韩国上高中的时候也听老师讲过中国的历史，今天参观一大会址，通过导游的讲解，让我了解到中国这一百年来的发展是多么不易。

——曹智炫（韩国）

在参观的过程中，让我印象深刻的是看到了在战争时期艰苦的生活条件，现在的我们能吃得饱，穿得暖，生活也更加丰富多彩，这都是和平和发展带给我们的幸福生活，所以我们要珍惜和平，呼吁和平，反对战争。我认为中国共产党有着顽强的意志和坚定的信仰，无论在什么时候都能团结一致，一起面对困难，共同奋斗，而且中国共产党带领中国不断发展，不断进步，实力也在不断增强。这次的参观让我了解到近代中国的历史，对自己接下来的学习生活有了更多的期待。

——玛格丽特（俄罗斯）

我今天参观了中共一大会址，有很多关于共产党的资料。印象最深的是，第一次世界大战结束以后，老百姓穿的裤子，这一家只有一条裤子，没有其他的裤子。看到这条裤子时我想到了战争期间的日本人的生活，过的日子也不是那么好。战争只会给人类带来灾难，不会带来幸福。我希望每一个国家都应该建设关于战争痕迹的纪念馆，学习战争带来一系列的问题。

中日两国是一衣带水的邻国，也是搬不走的邻居，我希望以后的两国关系就像运动员那样，不要把对方看作敌人，而把对方看作竞争对手，这样两国关系可以更上一层楼，共同进步。

——鬼丸英和（日本）

据我所知，中共一大会址是中国共产党的诞生地，是在第一世界大战后由 15 个人（包括两个外国人）在 1921 年第一次开会的地方。这个原本是李汉俊住处的地方见证了共产党的初步发展。中共一大会址让我对中国共产党有了更加深刻的理解，也给了我一定的动力，让我积极为自己国家的发展做出贡献。这次的体验让我对中国也有了更加全面的了解。感谢主办方以及老师们给我这样的机会让我的知识更加丰富，我希望下次我还有机会来参加此类活动。

——雷若华（尼泊尔）

10 月 22 日，我们在同济大学国际文化交流学院的组织下去参观中国共产党全国第一次代表大会会址。在导游的引导和讲解下，我们进入那一幢石库门房子，怀着虔诚与激动的心情开始进行参观。在此之前，我对于中国共产党成立的历史也只是通过中国简史的学习有过简单的了解。现在的中国，在共产党的带领和指挥下越来越好，越来越强，这更加证实了中国共产党的创立是中国历史上改变中国命运的重要选择。

这次的体验活动令我难忘，也让我对历史有了更近一步的了解和产生新的想法，同时也感谢同济大学国际文化交流学院能够给我们提供这样开阔眼界的好机会。希望在今后的学习生活中，可以有更多这样的体验机会，可以扩展我们的知识面，使我们对中国和上海有更深的了解。

——古来娜（吉尔吉斯斯坦）

六、案例分析

中共中央总书记、国家主席习近平 2021 年 6 月 21 日在给北京大学的留学生们回信中指出，“读懂今天的中国，必须读懂中国共产党”。百年波澜壮阔，一个个发展奇迹是中国共产党带领全国各族人民奋力书写和创造出来的，不去读懂中国共产党，自然就谈不上真正读懂今天的中国。

红色文化是中国近代革命、社会主义建设和改革进程中创造的伟大物质财富和精神财富，具有重要的精神内涵和育人价值。习近平总书记指出，光荣传统不能丢，丢了就丢了魂；红色基因不能变，变了就变了质。红色文化资源承载了中国共产党波澜壮阔的革命史、艰苦卓绝的奋斗史、可歌可泣的英雄史，其内含的“红色基因”是人民共和国的“遗传密码”。

通过中共一大会址的参观，留学生们了解这个最初只有50多名成员的小党，已走过100年辉煌历程，发展成为拥有9 100多万名党员的世界上最大的政党；领航中国，走出积贫积弱，稳步成为世界第二大经济体，创造了人类社会发展史上的奇迹。

中共一大会址红色文化以其独特的文化载体和丰富的精神内涵，在高校思想政治教育中凸显了重要的理论价值和实践价值。高校通过加强文化宣传、组建研究团队、创新教学方法和打造品牌活动等形式促进红色文化与思想政治教育的有机融合，切实发挥红色文化的育人功能。

中国经济的飞速发展和社会的多样变化，让越来越多的外国人感受到了中国魅力。恰逢党的十九大胜利闭幕不久，同济大学学研工部及国际文化交流学院组织留学生走进上海一大会址，探访当代中国光荣与梦想的起点，向留学生介绍中国共产党的发展历史和治国理念，切实增强留学生对中国文化、中国道路的了解与认同，是学院践行全方位全过程育人理念、培育知华友华人才的有效途径和积极实践。留学生作为中国故事的讲述者，只有他们了解、体验了真正的中国文化，才能让世界了解一个真实、立体、全面的中国，为彰显中华文化强大的影响力和感召力作出贡献。

第二节　走近南湖红船　感悟党的使命

一、提要

嘉兴人杰地灵，既是红色文化学习的基地，又是江南水乡文化的活化石。通过“感知中国——嘉兴南湖”参观活动，观看历史资料、倾听讲解、与当地人沟通等多种方式全方位、立体式、更加直接地感受中国红色文化和传统文化的魅力。留学生从各方面、各层次了解中国社会，同时也让校园外的中国人更多地和外国人交流，促进中外融合。

二、活动主题

“感知中国——嘉兴南湖”参观活动。

三、目标

在留学生的培养过程中，同济大学国际文化交流学院一直将培养学生对中国正面情感放在重要位置。此次“感知中国——嘉兴南湖”之行带领留学生前往既拥有丰富红色文化资源又拥有丰富传统文化资源的嘉兴，希望同学们能够深入了解中国共产党的发展历史，对中国红色文化产生兴趣，更好地读懂中国。

四、实施过程

2017年12月1日，40余名留学生代表参加了留学生办公室组织的十九大主题活动，赴浙江省嘉兴参观南湖革命纪念馆，瞻仰“红船”，游览月河古街。

1. 开放自信谈历史——参观南湖革命纪念馆

微风习习，清波荡漾。学生们乘船前往南湖湖心岛，经过访踪亭，在游览过程中，讲解员娓娓介绍红船的故事。1921 年中国共产党第一次全国代表大会最后一天会议，就在嘉兴南湖上的一艘游船上秘密进行。南湖游船具有非凡象征意义，开启了中国革命的新征程。为了纪念中共一大在南湖游船上胜利闭幕这一历史事件，1959 年当地仿制了一条当年一大开会的游船，作为一大会议纪念船，停泊在烟雨楼前水面上。一个百年大党诞生于一条红船，红船所代表和昭示的是时代高度，是发展方向，是奋进明灯，是铸就在中华儿女心中的永不褪色的精神丰碑。

紧接着同学们参观了烟雨楼和南湖革命纪念馆。为丰富新馆展陈文物(实物)，纪念馆工作人员在这几年先后赴山东、湖北、湖南、上海、北京等地，走访多家纪念馆、相关历史人物家属及相关人士，征集并复制了大量文物。现新馆展厅的文物达 800 多件(组)，新馆中的不少革命历史文物在国内还是首次展出。

在导览员的带领下，同学们从一楼二楼的“开天辟地”到三楼的“光辉历程”，了解中国自 1840 年以来近两百年的历史进程。“开天辟地”讲述鸦片战争以后世界资本主义的兴起和对外侵略，中国逐步沦为半殖民地半封建社会，中华民族的苦难、抗争，仁人志士救国图存的艰辛探索，展示中国共产党早期领导人和一大代表们的经历及会议概况，使广大党员、人民群众、社会各界明白中国共产党的诞生和发展壮大是中国近现代史发展的必然结果。“光辉历程”以中国共产党建党以后的重要史实为节点，展示党带领全国各族人民艰苦奋斗取得的光辉成就。广大参观者能饱览中国共产党波澜壮阔、气势磅礴的革命、建设、改革历程，深刻感受到社会主义基本政治制度、中国特色社会主义道路是中国各族人民的正确选择，是实现民族复兴的必由之路。有的留学生被一幅幅历史图片深深吸引，不时地同身边的同学、老师以及游客交流，渴望更多地了解某个历史事件的细节。

2. 感受特色水乡文化——游览月河历史街

月河历史街区，是浙江省嘉兴市市区现存最完整、规模最大、最能反映江南水乡城市居住特色和文化特色的区域之一。月河街区以平行的“三河三街”为基本格局：“京杭大运河”“外月河”“里月河”三河基本平行，又在北丽桥附近相汇，其空间布局极具特色;“中基路”“坛弄”“秀水兜街”三街由于紧邻运河和府城,成为繁华的商贸地带。昔日的“中基路”两侧商店林立,商贾云集,一片繁忙。小巷小街迂回曲折,纵横交错,小河狭弄、旧民居等展现了灵动的水乡古城风貌,跟上海的繁华有着鲜明的对比,这些也是在留学生的家乡看不到的风光。学生们纷纷拿出手机拍照合影留念,赞叹道:江南美景实在太棒了!

本次游览学习活动,就像是一次生动的汉语文化实践课,留学生们走出校园,在参观、游览过程中实地体验、了解中国的历史文化;尤其是在中国共产党的“十九大”之后,能够亲历中国共产党诞生之所并了解这段史实,更是有着特殊的意义。

五、效果

南湖以自己美丽迷人的秋色迎接我们,一片片红叶在碧蓝的天空下显得璀璨夺目,迎着秋风轻轻地摆动着,好像在跟我们打招呼似的。我们游览了很多名胜古迹,南湖美景是我最喜欢的。在路上老师给我们讲了南湖的来历,南湖又叫鸳鸯湖,是嘉兴最著名的风景名胜之一。我们坐在游船上,欣赏着南湖的风景,湖面上飞过来了很多白鹭,它们的叫声加上那里的景色让我如醉如痴,入迷了似的,不知不觉地游船到了南湖的另一个地方——烟雨楼。烟雨楼两旁种了两棵很高大的树,听说那两棵树的寿命差不多有五百多年了。这一天之旅,给我留下很多美好的时光,也认识了很多来自不同国家的新朋友。我们一起看看风景,聊聊天儿,拍拍照。照片可以留下很多美好的瞬间,我觉得时间可以让人慢慢忘记一切,但照片记录的瞬间会给我们留下深深的记忆。

——雷观贴(柬埔寨)

学校组织留学生去嘉兴南湖参观游览,当天我们先去参观了嘉兴市的南湖地区,乘船到了湖心岛。秋天的湖面极为平静,周围的环境丰富多彩,建筑花园富有中式的风味。导游一边带领我们领略美丽的南湖风景,一边给我们讲革命时代跟南湖地区有关的故事。跟随导游的讲述,过去的历史我感觉都浮现于眼前,让我感受到南湖对于中国共产党、中国人民的重要意义，感觉到南湖之美，也为中国共产党人革命时期的顽强不屈的精神所打动。

——陈光利(柬埔寨)

我们去了南湖革命纪念馆，这座纪念馆以“中国共产党第一次全国代表大会”为中心主题，展出了中国从第一次鸦片战争至大革命时代的过程。在纪念馆里摆着当时劳动人民的塑像，表现出中国人民对祖国的热爱之情。虽然当时的中国人处于穷困的状态，也有过很多次失败，但是他们却没有放弃，勇敢地为祖国斗争，努力到底。百闻不如一见，参观了这座纪念馆，我才深切地理解中国近代史，更为南湖革命纪念馆中传递的精神所感染。每次旅游会让人有所变化，改变他的思想、感情、神态，这次在南湖、南湖革命纪念馆的经历改变了我许多，感谢学院能够组织我们来到这里旅游。

——王亚美(孟加拉)

我们在月河街道散步，古老的街道两边都是小小的商店、花店和做当地特色菜的摊子，亲身体验了嘉兴的古代与现代融合起来的景色，有一种时空交错之美，这种美让我沉醉。热情的中国人民即使看见我们是外国人，也仍然会热情地招呼我们，如同我们的家乡人民一样，让我们的心里暖暖的。我和同学们一边走路一边谈笑，对这里的每一方土地、风景以及勤劳的中国人民都产生了亲近的感情。

这次旅游让我对中国、对中华民族有了新的理解，我从心底里是敬佩他们、敬佩中国共产党的。我非常感谢学院给予我这么好的机会去深入了解中国，这是一次难得的出行，往后我每次谈起中国和中国共产党，都会想起这次旅游的经历。

——春雁(乌兹别克斯坦)

其实去嘉兴旅行之前，我没有任何期待，因为我一点都不了解这个地方。尽管是12月，但得益于染红的染黄的树叶，可以感受到秋天的气息。到了南湖革命纪念馆，我才明白了南湖对于中国的重大意义。嘉兴南湖是中国共产党第一次全国代表大会召开的地点，南湖革命纪念馆陈列了中国的历史文化图片和介绍，围绕着“中国共产党第一次全国代表大会史料陈列”的主题，系统地介绍了1840年鸦片战争以后中国的先驱者们为寻求救国救民的道路而不断探索、抗争以及中国工人阶级的壮大、马克思主义在中国的传播、共产主义小组的建立直至中国共产党的成立的史实，让我加深了对中国历史的印象，也有了进一步的了解与认识。

——全正仁(韩国)

六、案例分析

历史是文化的载体，文化是历史的血脉。中华民族素有记录历史、学习历史、传承历史、借鉴历史的优良传统，善于从历史中总结与继承宝贵的文化遗产，这是中华民族绵延不断、始终保持旺盛生命力的源泉。

习近平总书记将“红船精神”的内涵高度提炼为：开天辟地、敢为人先的首创精神，坚定理想、百折不挠的奋斗精神，立党为公、忠诚为民的奉献精神。“红船精神”的三个基本内涵中的“开天辟地、敢为人先”的首创精神，其实质是创新精神，这是使中国共产党能始终站在历史和时代发展的前列、保持其先进性的关键因素，是“红船精神”的核心内涵。对“红船精神”以及南湖红色文化的正面情感与对中国共产党的正面情感高度相关。如今我国在国际上的话语权仍处于被动地位，这次带领留学生前往嘉兴南湖游览，就是希望他们能够被南湖的红色文化感染，了解中国共产党的发展历史，了解中国共产党的精神和宗旨，自觉成为中国优秀文化的传播者，向全世界展示全面、立体、真实的中国。

江南水乡是中国独有的特色风情，也是中华文明的瑰宝之一。“江南好，风景旧曾谙；日出江花红胜火，春来江水绿如蓝。能不忆江南？”这首诗在同济大学国际文化交流学院的留学生教学中时常出现。为了让留学生们进一步对中华文化产生热爱与理解，同济大学国际文化交流学院还将作为江南水乡典型代表的嘉兴月河历史街区安排进了此次“感知中国”活动中，希望留学生们能够亲身领略极富韵味的江南水乡民居的风貌与特色。以江南水乡为代表的中华传统文化与红船精神为代表的中国近现代文化共同构成了此次"感知中国"活动,也是同济大学国际文化交流学院向留学生们显示我国文化自信的体现,希望留学生们能够全方位、多角度"感知中国",自觉成为中华优秀文化的传播者。

第三节　走上红军之路　追随井冈精神

一、提要

充分利用井冈山地区丰富历史资源，以感受、学习、交流和体验为关键词，结合我校为留学生开设的“中国概况”“当代中国”系列课程，以教学实践形式为留学生开展第二课堂活动。本次活动与同济大学支援合作高校——井冈山大学联合举办，井冈山大学的中国学生与同济大学的留学生“一对一结伴”同访井冈山，帮助留学生从各方面、各层次了解中国社会，也让中国学生更多地和外国学生交流，促进中外融合。

二、活动主题

“感受井冈山文化，追寻革命伟人行迹——留学生井冈山教学实践”活动。

三、目标

党的十九大对新时代的外宣工作提出了新的要求，如何以在华留学生为对话对象，在留学生的中国国情教育中用中国话语解释中国实践，增强其对中国国情、中国理念、中国道路的了解，如何既要自信地讲成绩，又要以开放包容的心态，从容地讲不足，坦诚地讲矛盾，不回避热点问题，是我们今后开展留学生教育需要认真考量并一以贯之于实践的时代新命题。

井冈山是中国革命的摇篮。井冈山的革命斗争不仅点燃了中国革命的星星之火，开辟了中国革命的独特道路，而且孕育出伟大的井冈山精神。井冈山精神的产生，是中国近现代历史发展的必然结果。带领留学生走进井冈山，重走红军路、吃红米饭，真切地体会“坚定执着追理想、实事求是闯新路、艰苦奋斗攻难关、依靠群众求胜利”的井冈山精神。

四、实施过程

2005年起，根据教育部的统一部署，同济大学开始了对口支援井冈山大学的工作，迄今已逾16载。井冈山大学作为一所地方院校，坚持以井冈山精神办学育人，大力传承红色基因，努力将井冈山的红色资源优势转化为办学育人优势，以各种创新形式将红色资源融入人才培养全过程，在人才培养方面积累了很多先进的经验和成功案例。在国家汉办的指导下和在学校各职能部处的支持下，依托井冈山地区丰富的红色资源和丰富悠久的地域历史文化，同济大学国际文化交流学院2018年、2019年两次策划“感受井冈山文化，追寻革命伟人行迹——留学生井冈山教学实践”活动，即面向我校留学生的文化考察和教学实践活动。

1. 探访吉安白鹭洲书院

白鹭洲书院创建于南宋淳祐元年，是古代江西四大书院之一，以“敦教化，兴理学，明节义，育人才”为办学宗旨。参观现场，师生认真聆听书院讲解员的解说，欣赏着书院古香古色的建筑风格，感受庐陵文化的厚重与鲜活。参观结束后，师生们与书院讲解员分组讨论交流，互相研讨中外文化，白鹭洲书院文化、中国国学传统文化与世界各国文化在白鹭洲上碰撞，火花四射。师生们纷纷表示，白鹭洲书院的历史名人和深厚的书院文化，给学生们留下了深刻印象，并向自己的朋友家人分享白鹭洲书院文化探寻经历。

2. 中外文化碰撞与交融

井大学生代表分别为留学生们介绍了“伟大的井冈山”“美丽的井冈山”和“美味的井冈山”，让留学生从历史人物、风景名胜和风俗美食三个方面对井冈山有了一定的感性认识，为后续的考察活动做了初步的文化背景知识准备。中外学子互动大课堂活动，不仅为井冈山大学的中国学生提供讲述中国故事、展现地域文化的舞台，也为留学生提供介绍本国特色文化的平台，提高了留学生汉语水平和中国文化理解能力，促进了中外学生的思想沟通和文化交流。

3. **走进中国革命的摇篮，走近一代伟人毛泽东**

初步了解当地历史风俗民情后，同济大学留学生与井冈山大学学生一起踏上了这片“物华天宝”“钟灵毓秀”的历史文化胜地。从龙江书院到茅坪八角楼，留学生被一个个历史故事所吸引，为一个个历史名人的光辉伟绩所折服。登上黄洋界后细雨蒙蒙，看到四周浓雾弥漫，好似一望无垠的汪洋大海，师生们无一不对眼前的壮丽景色发出阵阵惊叹。

正值我国改革开放40周年，通过考察井冈山革命老区，了解近当代中国的历史与文化，认识井冈山精神，感受中国改革开放后经济、民生等方面的变化，让留学生全方位、多角度了解当代中国的发展面貌，对井冈山同龄人的“中国声音”“中国故事”产生共鸣。

五、效果

年幼时我经常会听到长辈们提及过去的故事，我只能从他们神情里所透露出的悲伤略知一二，总难以体会战争和灾难的残酷。时间总是在瞬间就流逝，但人的记忆可以通过传承的方式保存。透过参观博物馆和爬井冈山等活动，我知道了越来越多关于当年井冈山革命根据地上发生的大小战役。一刹那间，我似乎能了解到中国人民在历史上所经历的苦难，更能体会到我的长辈们走过的劫难。中华民族在历经磨难之后给后代子孙留下了博大精深的民族文化和一条康庄大道，这样的精神和坚持实属不易。虽然我不是中国人，但我也能深深体会到如果没有以前革命者的努力，就没有如今的太平生活。很多事都并非理所当然，这就是为什么我们要透过学习历史鉴往知来，继续为美好的未来而奋斗。

——陈慧玉（柬埔寨）

说实话我以前不知道井冈山是什么地方，后来我发现它在中国历史上具有重要的地位，井冈山与中国共产党有密切的联系。除了参观美丽的山区景色，我们也有机会跟中国学生交流，我觉得这是这次活动最有趣的部分。他们都非常友好，愿意回答我们所有的问题并介绍每个地方的历史和文化，他们都非常耐心并且他们的解释非常有趣，我认为他们将来会成为优秀的教师。他们也对我们国家的文化和传统很感兴趣，我希望有一天他们会来波兰，我可以成为他们的导游。总的来说，井冈山给我留下了深刻的影响，我对一切非常满意，这次活动让我更好理解了中国的历史和文化，也让我认识了一些优秀的中国学生。

——黎芙（波兰）

高耸入云，重峦叠嶂，山清水秀，有说不尽的成语能够形容这座山的壮观与精美。那里的山，那里的水，那里的花草树木，还有那里的人，没有一个是不吸引我的。去井冈山之前，我调查过这个地方，也看了一些那里景色的照片。我觉得那里非常漂亮，而那里的历史又非常丰富，我就非常期待去那里。但我没想到的是，无论我准备了多少，都无法与我到了那里以后亲自去体验它的历史文化相比。我们先去参观了毛主席的住所。在那里，虽然下着小雨，但是我还是参观得很高兴。在那里的住区里我参观了很多革命者的房间，比如何长工、宛希先、王佐等。那里的历史如他们的山一样壮观，这是中国人的骄傲。我们还去了井冈山革命博物馆，那里真的有许多关于毛主席和红军的辉煌事迹，我对中国的历史是越来越了解了。虽然最后一天在下雨，但是我们还是体验了非常有意义的活动，回去的火车上我还在回忆着，如果我再回到井冈山，就一定要再多多参观那里的景区，多多学习那里的历史，因为那里实在是太吸引人了。

——仲丽玲（印度尼西亚）

我们参观了很多有名的地方比如井冈山大学、白鹭洲书院、革命博物馆、毛泽东故居，最难忘的是井冈山迷人的风景。在中国我看过不少山岭，但是井冈山超凡脱俗。江西人给它们起了一个绝妙的绰号——“云海”，这并不是夸张的绰号，当你坐在山顶望着山下，到处都是云，恰如云海，让人想要摸一摸。爬井冈山不会只欣赏美丽的风景，你情不自禁会想起历史事件，想象那时候的环境。井冈山是中国共产党曾经的重要革命根据地，中国人民将中国共产党在这里奋斗的精神称为井冈山精神，因为中国共产党人顽强不屈、艰苦奋斗。中国学生跟我说，井冈山精神至今对于他们也有着巨大的影响，他们是受井冈山精神的鼓舞长大的。

——优丽娅(俄罗斯)

我第一次知道井冈山这个名字是我去年在北京刚刚开始学习汉语的时候课文的内容。课文主要介绍了希望工程，一个北京的大学生帮助很贫穷的少年上学的事情，这个少年住在井冈山的山谷。虽然北京青年并不富裕，但他省下自己的生活费帮助比他更贫穷的少年，他的精神给我留下了很深刻的印象。所以我一听到学校的井冈山考察活动，我就跑到办公室报名。因为我很想知道这个"希望工程"故事的背景，还想了解一下这高尚精神的根源。我们坐火车到达吉安，到那里需要大概 10 个小时。在火车上我拿出来了预先准备的一本书，中国大学生必学的马克思和恩格斯写的《共产党宣言》。井冈山被称为中国革命的摇篮，所以我想全方位地了解共产党的目标和精神。

我们参观了毛泽东的旧居以及革命博物馆。爬过黄洋界哨口，我想这样吃尽苦头，当时的中国人是为了什么。听说当时的红军冬天的时候甚至没有适合的鞋子只能穿草鞋，也没有充足的食物和衣服。为什么他们要顽强地斗争呢？我觉得他们十分盼望着幸福，这是对更好的未来的热烈期望。幸福不是能够轻易得到的。我喜欢习近平主席所说的"幸福都是奋斗出来的"这句话，我觉得只有拥有激烈斗争经历的民族才可以获得进步。由于过去许多中国战士的牺牲，现在的中国才得以存在，以自己的方式发展。我目睹了在井冈山的中国人的斗志，我希望他们一直保持这个可贵的精神。我希望这些很热情淳朴的中国人民能够通过不停的努力，昂首走在进步的道路上，并最终建成幸福的小康社会。

——崔允娜(韩国)

六、案例分析

1927 年 10 月，毛泽东、朱德、陈毅、彭德怀、滕代远等老一辈无产阶级革命家率领中国工农红军来到井冈山，创建以宁冈县为中心的中国第一个农村革命根据地，开辟了“以农村包围城市、武装夺取政权”的具有中国特色的革命道路，从此井冈山被载入中国革命历史史册，被誉为“中国革命的摇篮”和“中华人民共和国的奠基石”。

井冈山精神是红色文化的重要组成部分，储存着中国革命胜利的重要信息。井冈山精神的基本内涵有：①胸怀理想，坚定信念。对革命理想信念的坚定不移和不懈追求，是井冈山精神的精髓。②实事求是，勇闯新路。不唯书、不唯上，注重从实际出发，制定正确的政策和策略，勇于探索中国革命、军队建设和武装斗争的新路子，这是井冈山精神的核心内容。③艰苦奋斗，敢于胜利。为了人民的利益和革命的需要，勇于吃大苦、耐大劳，生命不息战斗不止，直至夺取胜利，这是井冈山精神的重要内容。④依靠群众，无私奉献。坚持走群众路线，全心全意为人民服务，是井冈山精神在人生观、价值观和道德情操上的具体体现。要培育知华、友华的留学生，让他们对红色文化不抵触并且产生积极情感，在井冈山进行红色文化的宣传是十分有意义的探索。如何让留学生在学习红色文化的过程中，产生兴趣，并自觉转化，是我们一直深入思考的课题。

首先，实践前的动员必不可少。宣传与教育的形式却不能一成不变，既要坚持红色文化资源融入课堂，又要改革教学形式。要将红色故事以深入浅出的方式表达出来，少一些说教，多一些推心置腹；少一些教条，多一些声情并茂的传递，从而达到事半功倍的效果。在出发前，任课老师在课堂上讲述井冈山的历史故事，让同学们带着疑问去实践，可以更好地了解井冈山精神和中国的红色文化。其次，实践中的引导必不可少。在实践的过程中，要以旁观视角为同学们讲述红色文化和红色故事，将艰苦奋斗的精神通过走红军路、吃红米饭，让学生自己亲身体会。最后，实践后的总结必不可少。在活动结束后，同学们很快将实践中的所见、所感、所想落在纸上，一来提升他们的汉语写作水平，二来可以让辅导员老师们了解学生的真实感受，给将来的活动做铺垫。

第四节　走入四行仓库　景仰壮士英魂

一、提要

红色文化资源是学习、宣传中国文化的鲜活教材，是新时期进行思想教育的独特载体。随着时代的发展和社会的进步，红色文化的传播途径也在不断发展之中，红色文化中蕴含的丰富内涵潜移默化地影响着更多的人。通过开展“走进四行仓库，感受壮士英魂”活动，增进留学生对中国近现代史的了解，使其更深入地了解当下中国国情和中国人的精神面貌，从不同维度开拓留学生对中国文化的学习、理解和适应，促进留学生对红色文化的认同。

二、活动主题

“走进四行仓库，感受壮士英魂——国际文化交流学院留学生参观四行仓库抗战纪念馆”活动。

三、目标

习近平总书记说：“把跨越时空、超越国度、富有永恒魅力、具有当代价值的文化精神弘扬起来，把继承传统优秀文化又弘扬时代精神、立足本国又面向世界的当代中国文化创新成果传播出去。”立足本地，创新思想，构建平台，建立多种活动载体，通过寓教于乐的方式，潜移默化地让留学生认同和接纳红色文化，增强红色文化的渗透力和感染力，充分发挥其教育和引导作用。

四、实施过程

为了进一步加深同济大学国际文化交流学院留学生对中日战争的了解，2020 年

10月13日下午，十余名留学生跟随国际文化交流学院教师赴苏州河畔的四行仓库战役纪念馆参加“走进四行仓库，感受壮士英魂”的教育实践活动，开展红色文化体验之行。

四行仓库位于苏州河北岸、西藏路桥西北角，这座钢筋水泥结构的建筑，曾是上海大陆、金城、盐业、中南四家银行储蓄会的联营仓库，墙厚楼高，易守难攻。淞沪会战开始后，进驻闸北的第八十八师把指挥部设在这里。仓库内储藏着充足的弹药、粮食和水，仓库的东、南两面是外国租界，北边和西边是曾被日军占领的中国地界。在淞沪会战的最后时刻，“八百壮士”在此与日军激战四昼夜，让中国人民保卫祖国、誓死不屈的顽强抗战精神传遍了世界。它是抗日战争的历史见证者，也因为它让中国抗战获得了世界舆论的关注。

四行仓库是一座经历了枪林弹雨洗礼的建筑，是上海唯一的战争遗址类建筑，纪念馆于2015年8月落成开馆，2017年12月2日入选“第二批中国20世纪建筑遗产”。四行仓库抗战纪念馆包括序厅、“血鏖淞沪”“坚守四行”“孤军抗争”“不朽丰碑”及尾厅等六个部分，以一封谢晋元在赴淞沪战场前写给妻子凌维诚的家书开篇，展现了“八百壮士”在国难当前之际，舍小为大的家国情怀，纪念馆内全方位展示了这场淞沪战场在中国抗战中的地位与意义，馆内展品和展板，制作精良、逼真，按照真人大小设置的战斗蜡像群，形象地重现战争的场面，使同学们仿佛身临其境，深刻感受到了战争给人们带来的伤害。

战争是一面镜子，能够让人更好地认识和平的珍贵。历史的启迪和教训是人类的共同精神财富，铭记历史，是为了启迪未来。参观四行仓库让同学们多一次学习机会深入了解中国近代以来的艰难历程，进一步领略中华民族奋勇抗战、不怕牺牲的顽强精神，同学们更为深刻地感受到和平生活的来之不易。同学们纷纷表示将继续珍视和平、警示未来，为促进世界和平、人类命运共同体发展而贡献青年智慧、青年力量。

五、效果

今天参观了四行仓库，看了许多战争的场面，里面的氛围非常严肃。听解说员介绍后，我能够了解到四行仓库的意义，感受到中国人民一路走来的不容易，这次的参观让我的心情有些沉重，战争是残酷的，许多人在战争中流血牺牲。生活在现代的我们是幸运的，可以在和平的世界里成长，可以吃饱穿暖，可以自由地追求自己的梦想，我们是时代的幸运儿，所以我们必须要珍惜现在的和平生活，也要一直倡导和平，这样我们才能在发展的道路上不断前进。

——琳达(博茨瓦纳)

今天跟着咱们同济大学师生一起去了一个全程让人泪目的纪念馆。一直想去看看，一直没机会，这会儿多亏了学校让我有了这次难忘的机会。四行仓库弹孔墙见证血腥激战，是上海最感人的纪念馆。电影《八佰》就取材于这个历史事件，四行仓库西墙上还残存着8个炮弹孔、430余个枪眼。每一个弹孔背后，都是一声呐喊。阳光灿烂的午后，人来人往来自世界各地的旅客在这弹孔墙下游玩，让人想起最近被常提起的一句话："哪有什么岁月静好，不过是有人替你负重前行。"

——林铭(西班牙)

感谢同济大学老师带我们去参观了四行仓库，在这次参观的过程中，我有很多次都被场馆内的场景震撼到、感动到，四行仓库里面陈列了大量的历史文献资料、照片，还有雕像，我虽然不是中国人，但是世界上所有人都是向往和平的生活的，战争能够带给大家的只有灾难，希望大家都能够珍惜现在的生活。通过参观四行仓库，我看到了为了和平而努力奋斗的人们，感受到战争的残忍。这次参观也让我进一步加深了对中国的认识和了解，让我看到中国人团结的精神。

——酷乐(刚果金)

最近刚看完《八佰》这部电影，感触很深。很想去参观一下当时的战场四行仓库遗址！而刚好我们学校给了我这个机会与同学们一起去参观四行仓库，让我们更具体地了解中国近代历史。我感受到了为了自己祖国和未来，人民奋勇抗战自我牺牲的精神。而现在我们能站在这块土地上所感受到的美好、快乐与幸福，都是当时的士兵们用生命和鲜血奋斗出来的。如果没有当时的勇气和为自己祖国战斗的精神，怎么会有现在强大的中国。历史是过去，但是很多人已经忘了现在的幸福是从何而来，我们不应该忘记历史。我们现在是和平年代，希望不会再有这种战争，希望我们的未来是友好而幸福的。

——李音羲(哈萨克斯坦)

在参观四行仓库之前，我提前搜索了一些资料，对于四行仓库有了一点了解，在这里发生过一场激烈的战斗，中国人民与敌人拼命战斗，这件事情在国际上也有较大的影响力。当我走进四行仓库的时候，我还是被里面的场景给震撼住了，我又一次感受到中国人不怕牺牲、勇敢战斗的精神，我感觉自己被这种精神深深触动。很开心自己能够来到中国进行学习，希望自己以后能够更多地参加这样的活动，可以更多地了解中国的一些文化和知识，这样我能慢慢地在中国的学习和生活，也能够慢慢的了解到当地的一些文化，更好地适应环境。

——艾达(乍得)

六、案例分析

2020 年 8 月，电影《八佰》上映，该片改编自真实历史事件，讲述了淞沪会战中英勇的中国士兵坚守四行仓库的悲歌。四行仓库是中国抗日战争的见证，电影《八佰》热映后，八百壮士的英勇事迹点燃了所有人的爱国热情，越来越多的人开始关注淞沪会战中的这段历史，位于苏州河边的四行仓库原址更是引来众多市民的参观。

辅导员老师提前准备好关于中日战争以及淞沪战役的材料，参观之前通过微信群发给学生们，让他们预先了解中日战争的背景，提高参观学习效率，也提高同学们汉语的阅读能力。整个展馆的内部有很多珍贵的历史照片、书信，还有当时四行仓库及周围环境的沙盘，真的人物蜡像战斗还原场景，无一不在敲击着参观者的内心。其中最为震撼的便是这一幕：当多次进攻失败的日军恼羞成怒后，使用坦克引导步兵对大门进行冲击，情急之下，年仅 20 岁的敢死队员陈树生，在身上绑满手榴弹，从高楼一跃而下，拉响了手榴弹，同 10 多名敌人同归于尽，而这样的牺牲在四行仓库中并不罕见。

一座仓库，因为英雄的坚守，而成为民族永恒的丰碑；一场战斗，因为先辈的热血，而成为民族永远的记忆。当年，中国人民万众一心，众志成城，用鲜血和生命抗击日本侵略者，铸就了伟大的抗战精神，那段让人热血沸腾、热泪盈眶的历史，让留学生们看到中华民族的坚韧不屈，不惧个人牺牲，拧成一股绳，坚守正义，将一切困难打倒的精神。正如习近平主席在抗战胜利70周年纪念大会上中讲的："正义必胜、和平必胜、人民必胜！"

红色文化资源用鲜活的历史事实讲述中国故事，彰显中国精神。与中国人的日常生活同频共振是留学生了解中国最现实的窗口，带领留学生打卡"网红地"使留学生更愿意主动了解这段近代史，用亲眼参观、亲身体验的方式，更深层次地了解抗日战争的意义及中国人民坚强不屈的斗志和精神，理解饱经战争创伤的中国人民对于和平发展的追求，追随中国领导人提出的构建人类命运共同体的理念。

第四章　熊猫叨叨篇

第一节　新冠疫情突袭　感受中国速度

一、提要

新冠肺炎在全世界的迅速蔓延，直接影响着人类的生命安全，最终严重影响着全球的经济和国际格局。面对这次疫情，我国迅速组织抗疫斗争，生动地体现出中国特色社会主义制度承载的人民至上的价值优势、党的集中统一领导的政治优势、全国一盘棋的合力优势和全面依法治国的法治优势。同济大学国际文化交流学院通过留学生感悟中国网络平台——"Panda Talk 熊猫叨叨"进行"校园抗疫举措"及"上海公共场防疫举措"的采访与宣传活动，让国际学生能够以轻松愉快的方式，认识到中国的防疫现状，从而加深对中国制度和中国精神的了解与认识。

二、活动主题

"Panda Talk 熊猫叨叨——校园抗疫举措""Panda Talk 熊猫叨叨——上海公共场防疫举措"。

三、目标

随着新媒体技术的发展，微博、微信、短视频平台等新媒体被社会各界所接受，学生们也更乐意使用这些形式新颖、内容多样的学习工具，网络平台的吸引力凸显出高校思想教育和网络工具相结合的必要性。

"Panda Talk 熊猫叨叨"是国际文化交流学院为留学生打造的感悟中国网络思政平台，把培养"知华、友华、爱同济"的留学生作为第一目标。通过短视频等形式，从留学生视角出发,主动讲好中国人民奋斗圆梦的故事,主动讲好习近平新时代中国特色社会主义思想,主动讲好中国共产党治国理政的故事,生动展现一个矢志让全体中国人民过上幸福生活、为世界和平与发展做出巨大贡献的、文明进步的中国,帮助留学生全方位、多角度地发现、认识和感悟中国。

四、实施过程

2020 年 5 月 9 日中午,"熊猫叨叨"分别在校门口和食堂对留学生做了随机采访。共有 9 名同学接受采访。大家来自五洲四海,现在共同生活在同济大学校园,我们了解留学生在疫情期间的学习和生活状态,以及对于学校抗疫工作的认识。

有同学在采访中说道:"我觉得在中国比较安全,有人帮我们量体温,所以我觉得很好、很安心。"对于学校的测温工作给予了充分的肯定。还有同学表示,现在不能进行线下授课,宿舍里上网课学习自然也是替代方案。考试临近,大家都很努力。除了学习生活外,同学们也兼顾自己的娱乐生活,看书、看电影、网购、玩游戏都成了疫情期间留学生们主要的娱乐方式。此外,在有限的空间内进行适当锻炼也成了必要选项之一。

最近学生们陆续返校,我们通过采访了解到同学们对学校安排的看法。大家提到最多的就是量体温。校门口需要测量体温严格登记,食堂用餐也需要量体温,"学校的工作让我们觉得安全"。食堂需要大家排队,用餐时分开坐。对于学校的安排,同学们纷纷翘起了大拇指:"我觉得学校的安排很好!""很好的方法,非常满意!""很安全,我看行!"

"Panda Talk 熊猫叨叨——校园抗疫举措"这期视频让我们了解到疫情期间在校留学生们的学习和生活,以及他们对于学校的相关抗疫措施的态度和看法,结果显示,同学们对于学校的相关措施都是持认同、赞成和支持的态度,而且在疫情期间依旧保持着乐观、积极的学习和生活态度。

在"Panda Talk 熊猫叨叨——上海公共场防疫秩序"节目中,我们跟随主持人的步伐来到了上海地铁站、电影院等公共场所，了解上海公共场所的防疫举措。可以看出，尽管现在中国疫情已经控制得很好了，但是各单位还是坚持不松懈，及时堵住防控漏洞，补牢薄弱环节，巩固和维护来之不易的防控成果。

五、效果

感谢“熊猫叨叨”节目向我们留学生详细展示中国的各种抗疫措施。这期“熊猫叨叨”出来之后，我立刻将视频发送给了在塔吉克斯坦的亲人、同学。其中有两个理由：第一是要告诉他们我在中国生活地非常安全，疫情在中国得到了很好的控制，让他们不用为我担心；第二是希望他们在日常出行中，能够借鉴中国的抗疫措施，能够保护好自己。

新冠肺炎疫情在许多国家的历史上是黑暗的一页，中国也不例外。但在此次疫情中，由于科技的进步，各国之间可以相互交流抗击疫情的经验、互相学习。中国在抗击疫情中的优良表现有目共睹——非常迅速地向世界展示了如何在危机情况下采取行动——速度、效果都体现了制度的优越性，我们看到全体中国人团结成了一个坚实的系统。我的祖国跟许多其他国家一样，没有准备好面对病毒，而中国则是成为了采取行动取胜的榜样。因此我很希望，我的那些还在塔吉克斯坦的家人、朋友能够从“熊猫叨叨”中学习到中国的抗疫经验来保护自己和身边的人。

当疫情爆发时，我还在同济大学。为了确保在中国的外国学生的安全，我们的宿舍被关闭了，大学工作人员组织食堂送餐，所有必要的生活用品都可以得到保障，我们都收到了个人防护装备（口罩、手套等），每天医务人员都来给我们量体温。在这样困难的时候，你才能明白支持是多么重要。为了鼓励学生，我们作为学生联合会的代表，举办了各种各样的比赛和活动（才艺比赛、歌曲比赛等），每个人都可以充分地展示和表达自己，增强抗疫必胜的信心。

目前，我们大部分的生活开始恢复正常。人们开始重视个人卫生，并养成了勤洗手的好习惯。隔离解除后，我会享受每一个在外面的时刻。我希望我可以很快回到中国，见到我的中国的老师和朋友，继续努力学习，为中塔友谊，为人类命运共同体做出应有的贡献。

——苏图奥(塔吉克斯坦)

我非常喜欢这一期的“熊猫叨叨”，这是一期主题有意义、内容很丰富的节目。节目中的种种熟悉的抗疫举措，都让我回想起来疫情期间自己的经历。

经历这场疫情，让我更加了解中国和中国人民，他们的真诚、友爱和责任感让我永远铭记和难忘。疫情期间，部分国外媒体报道中国食品极度匮乏，价格高涨。但是我看到无论在学校还是外面的超市，都有充足的食品供应，价格稳定。一些媒体还报道，中国人怕宠物传染病毒而把它们杀死或遗弃。但是，我所看到听到的却是我的中国朋友更加悉心地照料他们的宠物，更爱它们。在疫情最严峻的日子里，世界安静而没有生气，没有喧嚣的汽车声，也没有熙熙攘攘的人群，所有的市民都响应政府号召将自己关在家里。现在，上海这座城市已慢慢恢复生机，商店纷纷复工营业，公共交通已经恢复，被封闭多天的市民走出家门，来到街上，城市充满了往日的生气。

没有一个冬天不可逾越，没有一个春天不会来临。目前，我的祖国日本仍面临新冠肺炎疫情的严峻挑战，作为中国成功抗疫的亲历者，我会把中国经验及时分享给日本朋友，也愿意将这一期完美的“熊猫叨叨”分享给他们，让日本朋友们也能进一步了解中国的抗疫措施。祝愿我的国家和人民能早日战胜病毒。

——臼井和华(日本)

我是“熊猫叨叨”的忠实粉丝，“熊猫叨叨”我几乎每期都看，但这一期关于中国疫情防控的，应该是我最感同身受的一期节目。关于上海公共场所疫情防控的内容，是我感受最深的部分。我看着节目中出示健康码的人们，想到了疫情刚开始的时候，我还对中国实施严格的健康码制度有些不满意，但是后面我渐渐明白，健康码虽然有点麻烦，但是保障了每个人的安全，是一个很有必要的“神器”。“熊猫叨叨”还介绍了电影院中的防疫措施——座位间隔。我也体验过座位间隔的电影院，这是一种很好的措施，既可以让大家看电影，又可以减少疫情传播的可能。

——白思特（安迪瓜巴布达）

“熊猫叨叨”采访了几名同学，问他们关于学校防疫措施的想法。在这里，我也想表达一下对学校及时、完善防疫措施的感谢。疫情发生后，学校的老师们迅速召开线上留学生交流会安抚我们的情绪，科普防疫知识。在防疫物资严重短缺的情况下，学校向每一名在华留学生免费提供了口罩，对我们进行全天候的守护。50多天里，老师们和可爱的宿舍阿姨们放弃陪伴家人的机会，不辞辛苦，每天监测我们的体温和健康状况，还会耐心解决同学们遇到的困难。疫情期间，停课不停学，学校老师们提供了内容丰富的网络教学，及时为我们解答学习上的困惑。正是由于老师们的努力和无私帮助，所有的在校留学生都感到很安全、很放心。

——丁钟喜（韩国）

我叫琳达，现在，我正在中国学习，并了解中国、接触中国、感受中国。因此我很喜欢看“熊猫叨叨”系列节目，这一系列节目能够让我从各个角度，更好地了解中国。虽然我并没有接受“熊猫叨叨”的采访，但是通过观看节目，我惊讶地发现，同学们都和我一样，都对中国、上海、同济的抗疫措施表示赞叹。

尽管我们是外国人，但我们却从未被当做外人。在这个艰难时期，我看到了中国政府的强烈责任感，他们把本国人民和世界人民的生命与安全放在首位；在中国乃至整个世界处于前所未有的灾难时，我看到中国人民对他人、对世界其他国家展现出慷慨、宽容、强烈而深厚的爱。

山川异域，风月同天。本期“熊猫叨叨”，让我看到的不仅仅是中国、上海、同济的抗疫措施，更是世界上一流抗疫水平的表现。我希望世界上的各个国家都能够摒弃固有的偏见，向拥有真正一流抗疫水平的国家学习。在这个世界上，只有我们怀着伟大爱心和决心，坚定地团结在一起，人类才能最终战胜各种灾难。我希望这个世界再多一些互助，再多一些包容，让世界变得更加美好！

——琳达（博茨瓦纳）

六、案例分析

随着留学生队伍不断扩大，对留学生的思想教育也是各大高校的重要任务之一。信息化的普及为思想教育的创新带来了契机，开辟了全新的路径。高校思想教育工作者和留管干部应当认识到新时代背景下留学生们的学习需求，对留学生加以正确引导，对网络信息进行理性甄别和选择，使他们能够利用新媒体工具更加积极和主动地学习知识，使思想教育工作的作用落于实处。高校应当注意突出自身的优势，在推动思想政治教育工作的进程中达成双向反馈的效果，使教师和留学生的沟通效率和效果得到同步提升。

“熊猫叨叨”平台是同济大学国际文化交流学院在“创新平台，网络思政”的成功实践。通过“熊猫叨叨”平台，我们希望达到能够融合传统媒体和新媒体的优势，增强工作吸引力，充分利用新媒体交互性强、主动性强、信息碎片化和信息共享化的特点，以专题为工作抓手，以思想教育为主线，制作有吸引力、能接地气、针对性强的栏目内容；探索新时代留学生成长特点和话语体系，加强留学生的中国理解教育，牢牢抓住校园第二课堂阵地，在提升留学生教育水平的同时，努力推动中华文化更好地“走出去”。

疫情就是命令，防控就是责任。“中华民族能够经历无数灾厄仍不断发展壮大，从来都不是因为有救世主，而是因为在大灾大难前有千千万万个普通人挺身而出、慷慨前行！”此次新冠肺炎疫情，是新中国成立以来我国遭遇的传播速度最快、感染范围最广、防控难度最大的一次重大突发公共卫生事件。面对这场严峻的危机与大考，党中央一声令下，全党全军、全国各族人民团结一心，群策群力，迅速投入疫情防控中。奋斗在各条战线上的抗疫英雄们闻令而动、坚韧不拔，敢于斗争、敢于胜利，以越是艰险越向前的顽强斗志绘就了一幅幅可歌可泣、荡气回肠的壮丽画卷。让留学生们了解中国疫情防控的措施，可以让他们感受到团结一致、顽强不屈的中国精神和中国共产党领导和中国特色社会主义制度的显著优势，让同学们深入了解中国制度，感受中国速度和中国温暖。

截至 2021 年 7 月，同济大学国际文化交流学院的微信公众号已推出 14 期熊猫叨叨，展示的方式以文字和视频为主，通过对留学生的访谈，展示留学生对中国的逐步了解，包括上海风情、城市实况、校园文化、学生生活等多方面内容，受到留学生及国内师生的关注和喜爱。

第二节　游石库门建筑　体会海派文化

一、提要

“海纳百川、追求卓越、开明睿智、大气谦和”，2007年习近平总书记在上海工作期间用这十六个字来概括上海的城市精神，这也是对海派文化内涵的最好诠释。改革开放40年来，随着经济全球化的深入发展，上海作为我国经济发展的“领头羊”逐步成为国际化大都市。向世界更好地介绍上海，来华留学生是非常合适的人选。通过开展“Panda Talk 熊猫叨叨——观海派文化”活动，带领留学生了解海派文化的发展，从物质环境、制度建设与文明、精神文化层面将海派文化的优秀品质渗透到留学生的学习生活氛围中，感受上海的城市精神。

二、活动主题

“Panda Talk 熊猫叨叨——观海派文化”。

三、目标

上海是一座具有活力的城市，汇集了来自全国乃至世界各地的优秀人才。高校来华留学生是上海对外宣传的重要窗口。通过互联网及信息媒介，留学生不仅会接触到各种不同的地域文化，而且经常面临中西方文化的碰撞。通过“观海派文化”“熊猫叨叨”校园栏目，带领留学生们真正走进上海市民生活，了解上海的特色文化景观，体验海派文化的魅力，感受上海的文化特色和城市精神。

四、实施过程

“海纳百川，追求卓越，诚信友善，理性优雅”是上海城市精神，本次“熊猫叨叨”

漫步上海历史文化风貌区，向留学生展现“海派文化”发展的历史见证者。本期主持人分别是来自塞内加尔的马杜同学和来自尼泊尔的雷若华同学，两人一同走访上海多伦路文化街、思南公馆等景点，带领留学生们通过观看视频的方式了解海派文化，感受海派文化的魅力与风采，提升对于海派文化的感知。

第一站多伦路文化街：“一条多伦路，百年上海滩”。多伦路修建于 1912 年，全长不过 550 米，街边小楼风景各异。它是上海的一条休闲街，南傍四川北路商贸闹市，北邻鲁迅公园、虹口足球场，背靠内环高架、地铁明珠线，动静相间一里有余。街短而窄，路曲且幽。1998 年经政府翻新，多伦路的开发与普通的商业街开发最大的区别在于，它着重于文化与展示的功能，多伦路再现了 20 世纪 30 年代的沪上人文风情。沿线的一系列名人故居、遗址、美术馆、博物馆，充分体现了多伦路的文化特点；而与之相辅的各类特色餐厅、民俗商店、咖啡馆、古玩店、书店、影剧院则为其增加了新的商业活力，使地区功能更为有机、丰富、多元和完整。这些名人故居、海上旧里构成了海派建筑的“露天博物馆”。时隔百年，仍可以寻觅到 20 世纪初叶大上海的印记，更多地向我们展示中西合璧的文化魅力。

第二站是内山书店：内山书店是日本友人内山完造开办的，是我国历史上第一个引入“开架售书”模式的书店。据史料记载，内山书店被称为：“追求光明的中国知识分子和青年学生了解世界的重要窗口”“联系中日友好和中日文化交流的桥梁”。在内山书店中，图书都敞开陈列，读者可以随手翻阅，店堂里摆着长椅和桌子，读者可以坐在那里喝茶看书漫谈。在店外人行道上设一个茶桶，免费向过路行人供应茶水，无论国籍，读者都可以赊账，从来不催还。为了方便读者，有“新书介绍”供应读者，这些人性化的服务，很受读者欢迎。此书店是马克思主义先进文化思想登陆我国的早期阵地，也是鲁迅先生晚年在上海的重要活动场所，内山书店更被大家看作中日两国文化交流的桥梁。

第三站是石库门博物馆：石库门是上海最有代表性的民居建筑，通常被认为是上海近代中西文化交融都市文明的象征之一。19 世纪后期，上海出现用传统木结构和砖块墙承重建造起来的四合院。由于这类民居在外门选用石料做门框,故称“石库门”。石库门博物馆于1925年改造而成,按照20年代里弄单元一户住户修建,重现当年上海人的生活空间和生活方式,展示了上海独特的石库门建筑文化,也介绍了上海新天地项目的理念和改造开发过程。

最后一站是思南公馆:思南公馆位于思南路附近,由51栋小洋房组成,是中国和法国建筑文化交融的产物。思南路两侧法国梧桐浓荫密布,林立各种优美的花园建筑,集中体现了法国人的审美。今天的思南公馆,典藏新意,融古贯今,在尊重传统回归的同时赋予这片区域崭新的生命力有各式精品酒店、酒店式公寓、企业公馆和商业区,重铸了人文内涵和独特气质,与淮海路沿线的百年经典建筑、名人故居交相辉映,是集人文、历史和时尚底蕴于一身的历史建筑群。

五、效果

感谢熊猫叨叨的这个特别节目,上海是中国现代城市发展史上一个具有独特风格的城市,既有传统江南文化的悠长意蕴,又添抹了几道西方文化的浓重油彩,海纳百川,中西合璧。其实透过上海外滩的万国建筑、陆家嘴的高楼大厦等去阅读背后的发展历程,我重新认识和理解上海这座城市。

——巴亚桑(老挝)

我认为熊猫叨叨——海派文化这个章节非常有趣,我想分享一个我听到的发生在上海的故事。泰戈尔是印度的诗人,20世纪20年代末,他三次来上海,徐志摩接待他,有一次还住在四明村徐志摩陆小曼的家,就在陕西北路上。随着时间的推移和城市的开发,那栋房子已不复存在,但是,中印两国文人间以诗歌为桥梁的文化交流佳话却流传至今。我喜欢用汉语朗诵泰戈尔清新隽永的诗句,喜欢沉浸在诗歌造就的春天氛围里。同一个季节,不同的风俗习惯,用不同的语言来传递表达或相似或不同的情感,这种奇妙的文化对比和交流让我觉得好奇,更对文化的多元获得了深刻的体会。虽然是一个作家的,但是用两种语言读感觉有点不同。用英语读的时候是温柔的，告诉孩子们春天很阳光；但是用中文读的时候是告诉孩子们要怀抱梦想！

——田月（吉尔吉斯斯坦）

海派文化是目前熊猫叨叨最出色的节目了。我曾经和朋友跟着一个中国学生去参观陕西北路上的北欧风格的城堡式建筑——马勒别墅。明佳佳看到马勒别墅的第一感觉是很欧洲，莫寒则被别墅内部的装饰吸引住了。他说："从建筑外面看它是西方风格的一栋楼，但内部装饰既代表着欧洲的味道，也保留着中国的元素。"让他在惊讶的同时，也深深地理解了中文老师反复强调的上海城市精神——海纳百川的含义。

——刘炫贞（韩国）

给熊猫叨叨栏目点赞。中国人是最讲究人情味儿的，熊猫叨叨这期节目让我们跟随着主持人的脚步，让留学生近距离体验到中国人浓浓的人情味儿。以前在学校附近搭乘公交车时，在非高峰时间段老年乘客们居多，他们发现外国学生，往往会与之热情攀谈。这种经历与乘坐拥挤的地铁完全不同，是留学生们的意外收获。

——波林娜（俄罗斯）

海派文化这样的节目在留学生中特别受欢迎，大家非常喜欢看这样的节目，因为它展示了文化的多样性，而每一种文化都有其独特的内涵和魅力。这样的节目在向大家介绍各国文化历史，美食美景，以及当地民众喜闻乐见的艺术形式的同时，也帮助大家打破了对于当地的刻板印象。比如说，说起中国，可能大家都认为中国人会中国功夫，然而实际并非如此，但是这也并不妨碍大家喜欢中国，每一个地区的文化都是立体的、多元的。中国悠久的历史，中国的美食，壮丽的自然风光，风格迥异又各具特色的地方习俗……这些都使得中国独一无二，也都足以让大家爱上中国。

——常恩滔（加拿大）

六、案例分析

文化是一座城市发展的灵魂。1292 年上海设县，1843 年上海开埠，上海的发展走的是中西交融之路、现代化之路。上海的地方文化根植于中华传统文化基础，吸纳了吴越和其他地域文化，融合了近现代西方文化，形成具有开放性、创造性、扬弃性和多元性的文化形态——海派文化。

正如2007年时任上海市委书记习近平所说："如果说海纳百川是上海一贯的文化特点，追求卓越是上海的一种文化本质，那么开明睿智本身是一种态度，大气谦和是一种胸襟，这样才能进一步海纳百川，进一步追求卓越。"海派文化是中国优秀传统文化的组成部分，是"海纳百川、追求卓越、开明睿智、大气谦和"的上海城市精神的来源和根基。

石库门建筑就是海派文化独特的物质体现，是一种融汇了西方文化和汉族传统民居特点的新型建筑。上海的旧弄堂一般是石库门建筑，石库门构建风格很好地适应上海气候条件，经过石库门进入总弄，再进入支弄、天井、房间，特殊的空间层次、排列方式以及人性化的尺度感，具有对外封闭和对内开放的功效特征。从建筑结构学和建筑美学角度来看，体现着人与自然、人与人以及人与社会的和谐，有着其他现代居住方式中难以形成的亲密的邻里关系。

城市文化建设的功能是体现和践行社会主义核心价值观，海派文化的核心价值诸如自由意识和创新精神、规则意识和法治精神、爱国精神和敬业精神等与社会主义核心价值观高度契合。上海独特的经济地位和文化优势为留学生感知中国提供了绝佳的机会，带着学生行走在上海的街道，了解上海的过去，感受上海的发展，帮助他们从细节处观察和认识中国。留学生对上海的认识有助于海派文化更好地走出国门，向国际社会介绍中国现有的经济发展方式、促进社会和谐稳定、保障和改善民生、提高城市居民素质等中国方案，提升上海城市形象，加快上海全球城市建设。

第三节　青年共话两会　聚焦时事热点

一、提要

“两会”是中国一年一度的最大政治活动。“两会”中的重要话题既体现了中国过去发展的成果，又展示了中国未来的发展方向，不仅受到国内民众广泛关注，更是世界观察中国政治、经济、外交形势和走向的重要窗口。

因为疫情的影响，2020年“两会”推迟到五月底在北京召开。“熊猫叨叨”本期选择“中外青年聊两会”这一主题，从宏观角度向留学生展现中国过去的发展成就与未来发展趋势；同时向留学生展示中国抗疫的良好成果，显示中国人民的能力与信心，促进留学生们对中国产生进一步的正面情感。

二、活动主题

Panda Talk 熊猫叨叨——中外青年聊两会。

三、目标

“两会”是中国人民政治生活中的一件大事，是提供观察中国政治生活的重要窗口。读懂“两会”，就可以更好地读懂中国。在当今全球化的背景下，由于中国在全球的重要地位以及“两会”独特的作用，每年的“两会”都是国内外舆论和民众关注的焦点。

在这一期的“熊猫叨叨”中，我们将以中国过去的发展成果展示与未来发展趋势为主线，通过各种方式向留学生呈现我国方方面面的成就以及新思想、新理论、新方法，让留学生全方位、多角度地认识中国，了解习近平新时代中国特色社会主义思想、了解中国共产党治国理政的故事、了解中国人民奋斗圆梦的故事，生动展现一个矢志让全体中国人民过上幸福生活、为世界和平与发展做出巨大贡献的、文明进步的中国。

四、实施过程

本期“熊猫叨叨”的主要是以对中外学生问答的形式来进行采访与录制的，通过提问的方式在了解留学生对“两会”的理解的同时，并且在适当的时机通过补充、提示等方式加深留学生对“两会”的理解与认识。

在对留学生的采访中，我们主要聚焦于三个主题：一是“两会”的概念与意义，二是“小康”的概念与意义，三是“地摊经济”的背景与影响。采访中我们发现，留学生虽然在具体回答的表达上有所不同，但基本都能把握“两会”“小康”以及“地摊经济”的精神与主旨。

在关于小康的问题中，汉语国际教育硕士专业的中国同学给出了回答：“小”是稍微的意思，“康”是安宁富足的意思，“小康”是比较富裕的意思，“小康社会”也就是人民能安居乐业的社会。在回答关于“地摊经济”的问题时，更是体现出了作为同济大学国际文化交流学院学生对于中国时政的关注，展示了同济大学国际文化交流学院教学的成果。学生直接引用了李克强总理的话：“地摊经济、小店经济是就业岗位的重要来源，是人间的烟火，和‘高大上’一样，是中国的生机。”

这一期的“熊猫叨叨”虽然是以采访的形式为主，但同时也带着向留学生们传播中国“两会”时政要点的任务，目标是让留学生对中国的过去发展成果与未来发展趋势有更深入的了解与理解。

本期“熊猫叨叨”选取的采访主题与宣传主题全部与留学生们的生活息息相关，便于他们理解与接受。在介绍的过程中，留学生主持人频频点头，体现了对今年“两会”理念的认同与接受。在培育知华、友华的留学生探索上，同济大学国际文化交流学院又前进了一步。

五、效果

“两会”指出，全球公共卫生危机印证人类命运相连、休戚与共的现实，全球合作抗疫凸显构建人类命运共同体的迫切。在疫情最严重的地区和全球防疫的薄弱环节，中国援助的身影从未缺席。支援全球抗疫是一场人道主义行动，体现了中国生命至上、扶危济困的大国担当。疫情发生以来，中国本着公开、透明、负责任的态度，及时发布疫情信息，毫无保留地同世界卫生组织和国际社会分享防控、治疗经验，并尽力为世界多国提供援助，中国应该得到赞扬。

——周俊怡(德国)

我对中国的两会了解较少，我只知道，“两会”就是“两个很大的会”，我想大多数留学生们也这样认为。针对中国很多城市出现的雾霾天气对我个人来说，没有什么影响。我很喜欢上海这种国际化大都市的感觉，也不会因为拥堵的交通而离开上海。但是交通拥堵还是让我感到不适应。我们那地广人稀，没见过交通拥堵。我认为上海应该控制汽车数量，来缓解交通拥堵。其实，交通拥堵一方面是因为车多，一方面也与人有关系。我发现很多车主在路上不遵守交规，加剧了交通拥堵。

——卡布瑞(玻利维亚)

我的一些留学生朋友和我一致认为，上海的发展快速而全面，这些年上海变化很大。我们切身感受了上海一些基础设施的完善，尤其是公共交通的发展带来的便利。近年来，上海公共交通发展迅速，高铁线路越来越多，地铁建设进程加快，快速公交系统逐渐建成和完善，多个共享单车品牌进驻上海……便捷的交通给留学生们留下了很好的印象。最近上海的公交车可以刷微信二维码乘坐了，这让许多留学生感觉很高大上。现在上海的公交可以用微信支付了，不用准备零钱，很方便。以后有机会，我想留在上海工作、生活。

——塞巴(孟加拉国)

“两会”指出高铁作为中国的一张名片，一定要让全世界看到中国速度。我相当喜欢中国的高铁。因为高铁,旅行在中国成了一件很方便的事,我从上海坐高铁去过中国的很多地方。我经常坐高铁去义乌,只要三小时就可以到。我在手机上就可以订票,用微信支付宝就能完成付款,觉得特别好!上海的高铁站也很先进,我很羡慕中国人拿身份证在机器上刷一下就可以取票,省时省力,而我只能拿护照去窗口排队取票。

——易比瑞(几内亚比绍)

之前没有了解过中国的"两会",这次通过熊猫叨叨栏目,让我了解了中国的政治制度,我觉得开阔了我的眼界。视频通过简单的问答形式,让我粗略地了解了什么是两会,以及今年中国政府和人民关注的热点。

——巴亚桑(老挝)

六、案例分析

想要了解一个国家的国情,就需要了解这个国家的政治制度。我国的基本政治制度是中国共产党领导的多党合作和政治协商制度、民族区域自治制度、基层群众自治制度。我国的根本政治制度是人民代表大会制度。

"两会"指全国人民代表大会和政治协商会议,是中国特色社会主义民主政治的体现与重要内容。西方国家屡次在国际社会无端对我国的社会制度指手划脚,但事实上,每次我国"两会"的召开都是我国中国特色社会主义民主政治的最佳体现。通过采访等具有新意的形式向留学生潜移默化地介绍我国独特的民主政治形式,展示我国民主政治制度的优越性,彰显制度自信,增加国际社会对中国特色社会主义民主政治制度的认可程度。

全国人民代表大会和中国人民政治协商会议不仅从制度上展现了我国的民主性,会议内容也展现了中国共产党与各位代表的民生情怀。人大和政协分别代表着不同地域和界别的民众意愿,参加两会的代表委员分别来自全国各地区、各部门和各条战线,他们作为政府和民众之间的桥梁和纽带,既要履行对大会报告进行审议、讨论的重要职责，同时还肩负着反映群众意见和诉求的使命。在历届“两会”上，代表委员就国计民生和社会热点问题，建言献策、共谋民利，展现出一番集思广益、生动活泼的政治景象。一年一度的全国“两会”时间可谓精彩纷呈，它提供了一个发扬民主、表达民意的制度化平台。通过这一平台，集合代表委员及公众的智慧，探求解决“众人的事”，体现党的领导、人民当家作主、依法治国的有机统一，使中国特色社会主义民主得以充分体现。

抗疫、医保、脱贫攻坚、地摊经济等，一切会议话题都是围绕着百姓的民生福祉，一切讨论中心点都是如何依靠人民发展以及将发展成果分配给全体人民，这是一种民生情怀的体现。将“两会”的主要内容在接受采访的留学生中宣传展示，体现了我国执政党以及各位代表不忘初心的情怀，是让留学生体会到中国共产党人民路线的绝佳方式。

第四节 参访松江黄桥 探询社区养老

一、提要

党的十九大报告中提出，农业、农村、农民问题是关系国计民生的根本性问题，“三农”一直是中国政府关注的重点。本期“熊猫叨叨”选择了“走进松江黄桥，探访社区养老”这一主题，带领留学生通过视频的方式参观宅基地、养老服务设施以及现代农场，见证中国特色社会主义乡村建设的现实成果，让留学生感受到社会主义制度的优越性。

二、活动主题

Panda Talk 熊猫叨叨——参访松江黄桥，探询社区养老。

三、目标

人民日益增长的美好生活需要和不平衡、不充分发展之间的矛盾在乡村最为突出，全面建成小康社会和全面建设社会主义现代化强国，最艰巨最繁重的任务在农村，最广泛最深厚的基础在农村，最大的潜力和后劲也在农村。实施乡村振兴战略，是解决新时代我国社会主要矛盾、实现“两个一百年”奋斗目标和中华民族伟大复兴中国梦的必然要求，具有重大现实意义和深远历史意义。

留学生通过观看本期“熊猫叨叨”，能够亲眼见证乡村振兴战略的发展成果，了解中国共产党治国理政的理念，对中国特色社会主义文化有更深层次的理解，通过留学生传播中国传统文化和中国特色社会主义文化，提高当代中国在世界的话语权与置信度。

四、实施过程

嘉庆《松江府志》记载，“黄桥门长六百八十丈，水亦自大泖来，旧于此植木为水窦七十余，以泄入横潦泾，水流甚急”。黄桥村位于泖港镇中西部，东靠 G1501 绕城高速公路，南及叶新公路，西至黄桥河，北枕黄浦江。作为上海唯一的乡村振兴示范村和宅基地改革“双试点”，黄桥村正大力推进农村社区建设，着力打造管理有序、文明祥和、有“温度”的新农村社区。

黄桥村的特色在于，做到了“加快推进农业产业化、促进乡村产业振兴”与“加强农村人居环境整治、建设美丽宜居乡村”的结合。黄桥村不仅完成了具有地域特色的宅基地项目建设，还为老年人群建立完整养老基础设施；不仅注重通过推动农业产业化等方式提高村民的经济水平，还通过道德教育提高村民的道德情操水平，使村民成为发展成果自觉的维护者；不仅通过农村产业化吸引年轻人留在家乡进行乡村振兴战略下的建设，还通过建立集优美环境、完善基础设施、先进技术为一体的养老中心减少家庭养老负担，使老有所依，营造积极向上的农村情感氛围。

1. 改善居住条件，黄桥有“温度”

我们首先参观黄桥村近两年来最具意义的宅基地建设项目，该项目为了更好地保障村民的居住条件，在征求村民意见的基础上，结合农村宅基地改革减量方案，形成了“北林、中田、南园”的村庄规划。走进大门，迎面而来的是整齐划一的居民活动设施，有社区服务楼、老年活动室和村民食堂等，楼前还设置了村务公开栏；进入居住区，一座座白墙黑瓦的秀气小楼被河流与绿地分隔得错落有致，有的还配备了车位。

宅基地项目的规划集美观与实用为一体，既满足了住房的实用性需求，又满足了村民审美的需要。黄桥村是我国乡村振兴战略中宅基地项目规划的最佳样本之一。

2. 探索乡村养老，黄桥有“温度”

正如大多数沪郊农村一样，黄桥村也面临着“养老”难题。我们有幸参观了刚完成建设的驻村养老院，这里由日间照料中心、护理站与长者照护之家所组成，不仅在“养老”问题上发挥了重大作用，还利用互联网诊疗，解决了村中看病难的问题。

重视乡村养老问题，是我国乡村振兴战略、中国共产党庄严政治承诺“以人为本”的集中体现。中国共产党不会因为一个人群是弱势群体而将其抛弃，相反，会同样重视其社会权益的保障。

3. **建设生态农场，黄桥有“温度”**

在新一轮乡村振兴中，黄桥村努力发展乡村休闲旅游，吸引更多年轻人回流。我们去到黄桥村最具特色的生态农场，体验绿色蔬果采摘活动，虽然正值寒冷的十二月，但大家采摘得热火朝天，笑声不断，充满着欢快而幸福的氛围。面对新鲜的柚子，每个人都大展身手，很快大家便收获满满，脸上满是丰收的喜悦。

通过这期的镜头，留学生们会感受到新农村的独特魅力，目睹中国改革开放的成效和中国乡村的快速发展。

五、效果

跟随熊猫叨叨的镜头，我发现黄桥村的自然环境非常好，跟市区的喧闹形成了极大的差别。虽然这里地理位置比较偏远，但是村子为居民们提供了很多便利的服务。令我印象最深刻的，还是这里种菜的地方。黄桥村工业发展的特色就是“绿色、有机”，这里有一个产供销一体化经营的加工配送中心。

在我的印象中，中国的农村多半脏乱差。熊猫叨叨让我了解到黄桥村这一切是“社会主义新农村建设试点工作”之后才有的，在“乡村振兴战略”被提出之后，这里更是有了飞速发展。

——马李卡(乌兹别克斯坦)

讲解的老师说，中国有句话是“百善孝为先”，现在的年轻人因为工作太忙了，没法时时刻刻照顾长辈，有了这个养老院，可以让老人们安心生活。我和家里年迈的爷爷奶奶关系特别好，我特别希望我的爷爷奶奶也能住进这样好的地方。这里的驻村养老院不仅仅有房间和医生、护士，还有更重要的——线上问诊。如果医生碰到疑难杂症，可以随时通过网络求助更有经验的医生，老年人能够更快得到更好的照护。老年人在这里生活，得到的不仅仅是健全设施的便利，还有心情上的愉悦。这种心情上的愉悦既来自周围美丽的自然风光，也来自养老院工作人员们认真勤劳的工作。我问了好几个老爷爷、老奶奶，他们都说生活在这样一个美丽的农村，被这么有素质的护工们照顾，是他们的“福分”。

——林铭(西班牙)

镜头里的黄桥村和我想象中的农村完全不一样。这里道路平坦并且干净、房屋也建造得十分好看。令我印象最深刻的是宅基地项目，房屋都规划得十分整齐、美观，不仅满足了村民基本的居住需求，还满足了村民的其他更高层次的需求，有社区服务楼、老年活动室、村民食堂、村务公开栏、汽车位等。这里哪里是农村呢？简直比城市还要好。

——崔美玲(韩国)

第一次看到中国的农村，跟我想象中国完全不一样。这里环境优美，每家每户都很干净、很整洁。我觉得这里非常宜居，跟热闹、拥挤的上海，完全不一样呢！感谢主持人带领我们云游黄桥村。

——艾达(乍得)

虽然网上有很多中国的视频，但是像黄桥村这么优美的我还是第一次见到，感谢熊猫叨叨栏目带我看到了一个不一样的中国农村，我相信中国农村的发展会越来越好！希望中国的发展也越来越好，吸引更多的留学生来到这里。

——田龙星(日本)

六、案例分析

乡村是具有自然、社会、经济特征的地域综合体，兼具生产、生活、生态、文化等多重功能，与城镇互促互进、共生共存，共同构成人类活动的主要空间，是中国社会的重要组成部分，也是中华文化的重要承载空间。乡村无论从占地面积，还是居住人口，都是中国社会重要的、不可分离的一部分。在培养知华、友华留学生的过程中，不能仅仅向留学生展现城市、优秀企业，还应该深入基层、深入乡村，全景式向留学生展现不同维度的中国。通过“熊猫叨叨”本期主题，让留学生“云游”中国现代化乡村优秀代表的黄桥村，亲眼见证中国农村的变革，既有利于留学生对中国乡村振兴战略成果有较为直接的认识与理解，又有助于留学生了解中国社会的风土人情，进一步提升留学生对中国社会、乡村的认知度与亲近感。

实施乡村振兴战略，是党的十九大作出的重大决策部署，是决战全面建成小康社会、全面建设社会主义现代化国家的重大历史任务，是新时代“三农”工作的总抓手。黄桥村是乡村振兴战略的突出代表，在加快推进农业现代化、促进乡村产业振兴，加强农村人居环境整治、建设美丽宜居乡村两方面都取得了良好成绩。黄桥村通过各类先进发展方式，快速发展为新型农村的模板地区。黄桥村的发展现状是乡村振兴战略智慧的体现，更是中国特色社会主义政治智慧的体现。学生们往常会在课堂中对乡村振兴战略有一定的了解，但百闻不如一见，跟随着留学生主持人的脚步，让留学生用自己的眼睛感受乡村振兴战略的发展成果，提升留学生对于乡村振兴战略的了解与理解。我们的观众中，不乏来自其他发展中国家的学生，他们的家乡也同样面临乡村发展的问题。此次乡村振兴战略成果的展示，让这些学生将中国的先进乡村建设经验带回自己的国家，通过民间的传播，提升中国特色社会主义政治制度在国际上的认可度。

第五章　抗击疫情篇

第一节　分享抗疫经验　传播中华文化

一、提要

在新冠肺炎疫情影响下，世界范围内意识形态化斗争加剧。同济大学海外孔子学院教师疫情期间坚守在各自的岗位上，结合所在国家的具体情况，通过线上教学活动和文化活动传播中华文化，在抗疫初期集合海外学生为中国加油，用事实消除误解，讲中国故事。“汉语桥”线上团组交流项目通过“行摄云游”特色活动，带领海外中华文化爱好者从上海建筑出发，了解上海历史、人文及社会主义现代化建设成果。

二、活动主题

疫情期间讲中国故事，重点是分享中国方案和中国经验，讲好抗疫中平凡英雄的故事，引导海外学生理解中国人命关天的道德观念和众志成城的抗疫精神，更深刻地理解在全球抗疫斗争中弘扬互利共赢的人类命运共同体理念。

三、目标

通过线上活动讲中国传统文化，讲中国抗疫故事，用事实消除误解，让每一个人、每一件事、每一个场景都成为“一本书”，为不能来中国的海外中文学习者提供感知中国的机会。

四、实施过程

1. 西班牙拉斯帕尔马斯大学孔子学院传播太极文化

位于西班牙加那利群岛的拉斯帕尔马斯大学孔子学院成立于 2011 年 5 月，下设

8 个教学点，是西班牙境内注册学习汉语人数最多的孔院。

2020 年 3 月 13 日，西班牙首相佩德罗 · 桑切斯宣布，因新冠肺炎疫情爆发全国进入紧急状态，次日宣布关闭学校和教育机构。考虑到疫情期间学生们不宜出门，拉斯帕尔马斯大学孔子学院老师特别推出太极拳网络课程，方便学生及家人在家中反复观看练习。太极拳作为国粹走出国门，具有轻松柔和、连贯均匀、圆活自然、协调完整的特点，强身健体的同时修身养性，体会中国道家“以柔克刚”的思想内涵。老师们从学习者的学习需求、兴趣爱好和关注点出发，介绍中国武术的发展背景，录制太极拳教学视频，将每个分解动作与不同的动物形态结合起来，激发了学习者的兴趣，帮助学习者记忆。为了方便学生自学和检验学习效果，老师设计了小测验，增加与学生的互动，及时为学生提供有针对性的指导。

2. 意大利佛罗伦萨大学孔子学院组织春节联欢活动

意大利佛罗伦萨大学孔子学院自 2014 年 3 月 13 日成立以来，除了开设中文和中国文化课，还参与举办中国当代建筑展、“龙”电影节及佛罗伦萨中文学校意中儿童文艺演出，中意建筑、设计和艺术创新论坛，中意传统艺术研讨会，中国民间手工艺品展会和中意摄影展等文化活动。

意大利是西方世界最早直面疫情的国家，政府于 2020 年 1 月 31 日宣布进入为期 6 个月的紧急状态。为了表示对中国抗击新冠肺炎疫情的支持，意大利佛罗伦萨大学孔子学院的 Luciano Tagliferri 校长坚持按期举行中国新年活动，并邀请阿雷佐当地的媒体参加。孔子学院教师和意大利本土汉语老师带着高中部 100 多名学生承办了 2020 春节联欢活动，学生们表演了中国古典舞蹈《礼仪之邦》、中国武术和小合唱《拜年》等精彩节目，其间还穿插了中文数字游戏，现场气氛热烈，掌声不断。孔院老师向意大利学生讲解了中国的茶文化并进行茶艺表演。在活动的尾声，意大利师生一起为武汉加油，为中国加油。当地报纸 La Nazione 报道了此次活动，支持中国抗击疫情行动。

3. 德国汉诺威孔子学院开展抗疫系列讲座

多年来，德国汉诺威孔子学院聚焦中德历史和文化的异同，举办多场文化讲座，在当地产生了极大的影响。疫情期间,汉诺威大学孔院教师举办系列线上讲座,向德国学生介绍中国情况,解读中国新闻,从文化差异和生活习惯上对比分析疫情期间的科学应对措施,分享中国抗疫经验。孔院老师告诉学员们,医务工作者救死扶伤,昼夜不眠奋,战在一线;人民解放军、公安民警坚守岗位,随时待命;社区工作人员做好维稳工作,配合调查人员流动轨迹;科研人员快马加鞭,研究疫苗……最重要的是,广大人民群众顾全大局,配合政府,团结奋斗,正是全民参与才使得中国的新冠疫情得到了有效的控制,人民生活日渐安定。中国教师与德国学生围绕两国疫情的交流是中德文化的碰撞,促进了双方的理解。

五、"行摄云游"中的上海

"生存汉语"与感知中国线上汉语研习营由教育部中外语言交流合作中心主办、同济大学国际文化交流学院承办,于2021年2月17日开营,2021年3月1日闭营。研习营从近600份申请中筛选了五大洲19个国家的151名学习者,结合"行摄云游"线上直播与录播视频和班级微信群,帮助营员们了解"后疫情时代"的中国,使"汉语桥"研习营成为营员们踏入中国社会的"新起点"或"补给站"。

"行摄云游"凸显同济学科特色,在"云上"带领营员从上海特色建筑出发,介绍上海历史、人文及新时代的新发展。第一次直播中,学院教师以第一视角演示疫情期间如何进入校园,参观食堂、教学楼、图书馆等。视频中间穿插同济校史、博物馆特展的讲解,营员不仅可以欣赏优美的东方校园,还可以了解同济大学历史,体验同济大学多彩的校园生活,全方位认识同济。

第二次的录播围绕人民广场展开一场穿越之旅。老师先介绍春秋战国以来上海的变迁史,然后镜头转到人民广场的相亲角,引发营员热烈的讨论。营员游览了人民公园、上海博物馆、上海大剧院、上海人民大厦,沿途老师向营员们介绍上海各种便利的基础设施,如何在运营里程全球第一的上海乘坐地铁,并演示如何使用自动售货机、售票机。

第三次采取直播形式，生动真实地展示了“中华商业第一街”——南京路，营员们看着上海传统特色小吃——苔条小黄鱼、粢饭、春卷等，食欲大振，积极与老师互动，询问这些菜式怎么做。逛完了浦西，老师们又来到浦东，领略了晚上6点外滩灯光准时亮起的震撼一刻，气势恢宏的灯光秀为营员留下了深刻的印象。

第四次“行摄云游”采取直播形式，主题是“新天地”。老师从“海纳百川、中西合璧”的石库门建筑风格开始介绍，带领营员在中共一大会址纪念馆的“网上纪念馆”云参观，帮助大家认识这座石库门建筑的非凡意义，也进一步了解“新天地”之名的深意。根据营员对此前“行摄云游”视频的反馈，老师在本次直播中特别设计了“2020我最喜欢的电视剧”板块，为营员推荐了多部2020年“现象级”的电视剧作品，如《山海情》《大江大河(2)》《三十而已》《鬓边不是海棠红》等。尽管《山海情》的演员说着不标准的普通话，可营员们看得津津有味，看到乡村振兴后的绿水青山，纷纷赞叹“真美”。

学院策划了“行摄云游・元宵特别节目”，全体授课老师纷纷亮相，向营员展示“吃汤圆”“赏花灯”“猜灯谜”的元宵节俗。老师还现场制作了一个传统兔子灯，并将一种简易兔子灯制作方法视频分享给营员。吟诵辛弃疾的《青玉案・元夕》与朱淑真的《生查子・元夕》掀起了直播间的小高潮，这两首词不仅再现南宋元宵节观灯的盛况，更是用文字韵律借着那一轮柔和的明月，抒发了引人共鸣的心绪。

六、效果

中国功夫在西班牙非常有名，我看过中国电影《功夫熊猫》，一直非常想学习中国功夫。疫情期间，我在家里上课，几乎不怎么出门，有点无聊。没想到孔子学院的老师通过视频教我太极拳，我知道做这个视频需要老师非常多的时间，我非常感谢她帮助我实现梦想。

——安娜(西班牙拉斯帕尔马斯大学孔子学院)

意大利爆发疫情以后，政府就马上采取了措施。每天都有人生病，我有点害怕。

我现在使用电脑上课，很怀念新年时候的活动，那时候我和老师们在一起表演茶艺。老师告诉我中国的茶艺需要很多步骤，很复杂，但这是中国人的智慧，在做茶的过程中，人和人之间也有更多说话的机会。我觉得中国人非常聪明。

——弗里德（意大利佛罗伦萨大学孔子学院）

听了讲座，我明白了中国文化和德国文化的不一样。在德国，我们很喜欢户外运动，而且认为只有生病的人才需要戴口罩，病人戴的不是普通的口罩，专业的口罩都非常贵，所以不是每个德国人都戴口罩，德国没有像中国一样那么快地降低得病率，我想这是一个原因。我很尊敬中国的医生，他们都很厉害。

——哈尔德（德国汉诺威莱布尼茨孔子学院）

我喜欢做饭，中国是一个“美食王国”。在“行摄云游”的直播中，我看到了同济大学的食堂，菜很多，而且看上去很好吃，食堂很大而且很干净，在同济大学上学一定是一件非常幸福的事情。在老师带我们参观了南京路之后，我按照网上的视频和老师教给我的做法去做饺子，我的家人说非常好吃。我喜欢中国，我希望疫情结束之后能去中国学习。

——卫李玲（瑞士）

我们来自世界各地的一百多人一起度过了2021年的元宵节，我非常开心。我喜欢“汉语桥”的老师们，他们介绍的中国非常客观，非常全面，中国的发展成就举世瞩目，我希望中国越来越好，越来越多的人能够了解中国的文化，认识中国的朋友。

——沙西度（美国）

七、案例分析

疫情期间，各国和地区之间减少国际流动，给国际中文和中华文化的世界传播提出了新的要求，海外孔子学院和同济大学国际文化交流学院直面挑战，并将挑战化为机遇，各展所长，创新留学生的思想教育工作形式。

孔子学院中文教师奋斗在教学一线，坚持“停课不停学”，根据当地政治经济文化条件和孔子学院的建设情况，针对不同年龄的留学生设计了有针对性的活动。西班牙拉斯帕尔马斯大学孔子学院推出太极拳网课，分解教习太极拳并设有互动环节检验学习成效，形式新颖，练习太极拳是运动的一种形式，当地学生在学习太极拳的过程中，也锻炼了身体，提高了身体抵抗力。学生可以在家中反复观看视频，不断巩固复习，在不断练习太极拳的过程中，当地学生可以在缓慢柔和的太极拳动作中体悟到“刚柔并济、虚实相生”的中华文化要义。多年来，意大利佛罗伦萨大学孔子学院坚持举办新年活动，并向市民开放，通过多种活动形式传播中国节日文化，在汉语教师的指导下，当地学生深度参与新年活动的策划、组织、实施、展示各个环节。2020 年春节期间，意大利政府还未因疫情封城，在孔子学院院长的支持下，新年活动如期举行。活动中，孔子学院师生展示中外文化并在活动结束前呼吁现场观众一同为中国武汉加油，向意大利民众传播“人类命运共同体”的观念。通过媒体宣传，此次活动在当地产生了较大影响力。德国汉诺威大学孔子学院举办疫情相关的系列讲座，归纳讲解中国时事新闻，在讲好中国故事和中德文化对比的过程中引导学生正确和客观地认识中国抗疫政策，了解中国的政治制度和文化特点，消除因媒体宣传导致的以偏概全或者断章取义的误会。

同济大学国际文化交流学院探索线上传播中华文化的活动新形式，精心设计了“汉语桥”线上团组交流项目，学院教师团队扩展第二课堂教学思路，开起直播，制作小视频，通过镜头引导国外学生了解后疫情时代的中国情况，向国外学生介绍上海的前世今生，根据国外学生兴趣调整直播地点和介绍方式，相比线下第二课堂，线上第二课堂云游活动灵活多变，内容更加丰富，课程容量更大，国外学生通过线上直播跟随镜头了解疫情下的中国。

第二节　传递诚挚祝福　振奋克难信心

一、提要

在华留学生作为这场疫情防控战役的见证者、亲历者和参与者，他们坚定地与中国人民站在一起共同抗疫，真诚坚定地支持中国，通过多种形式为学校加油，为中国加油，正所谓"患难见真情"。

二、活动主题

留学生发挥才华，以微视频、诗词、歌曲、绘图、手写祝福等方式支持中国，为中国人民加油。

三、目标

抗疫期间，为留学生建立宣介平台表达对中国抗疫的理解和支持，培养留学生与中国休戚与共的感情。

四、实施过程

1. 制作视频海报为武汉、为中国加油

学院面向全体留学生开展微视频、微动画及海报作品征集活动，来自100多个国家和地区的多名留学生使用自媒体介绍自己得到的学校和教师的关心和照顾，为中国和武汉加油。

疫情期间，马杜同学一直住在校内，他用画笔鼓励着身边的留学生，用实际行动诠释同舟共济的精神。他设计的抗疫海报里有学生在上课，有医生在给患者检查身

体，要勤洗手、戴口罩。他创作了“中国加油、武汉加油”的抗疫海报，希望世界各国人民都好好照顾自己的身体，免于新型冠状病毒的侵害！

来自卢旺达的杰斯特，在同济大学校园内漫步时，面对校园内的平静安全和社会上的不安情绪，有感而发，创作英文诗歌《太阳会再次升起》，表达对中国和中国人民的爱和祝福。

太阳会再次升起

我想知道发生了什么事，
孩子们想出去玩，
我们心情不好，
害怕见朋友和家人。
我们在担忧会发生什么？

不管发生了什么，
我们相信一切都会结束，
太阳将在美丽的国家再次升起，
我们的第二个家。
它将再次在海上升起，
它将再次照耀在高山之上。

中国，你并不孤单，
我们都和你站在一起，
每个人都在深情唱歌。
武汉要坚强，中国要坚强，
因为太阳在中国会再次闪耀。

一切都会好起来的，
孩子们会像往常一样出去玩，
我们又会去参观你的神奇之地，
我们又会去听鸟叫声，
我们又会外出，
因为太阳将在中国再次升起。

草绿，花开，
都在等我们去看他们，
很快我们将会去欣赏这美丽，
因为太阳会在中国再次升起。

许多人去世了，许多人在医院哭泣，
害怕短时间内发生的事情。
但不要失去希望，我们和你站在一起，
我们相信太阳会在中国再次升起。

“没有一座山高得爬不动，
没有一条河宽得过不去，
我们所要做的就是要有信心。”
所以我们坚定清楚地说，
武汉要坚强，中国要坚强，
因为太阳会在中国再次升起。

（这首诗由老师配译）

2. “感知中国”短视频展示活动

为促进中国政府奖学金预科生关心中国国情，感知中华文化，展示奖学金预科生的汉语水平,丰富学生课余生活,培养学生新媒体传播的创新能力,以美育人、以文化人,讲好中国故事。由国家留学基金管理委员会主办,天津大学承办的中国政府奖学金预科生“感知中国”短视频展示活动于2020年8月24日举办。在老师的指导下,同济大学国际文化交流学院来自11个国家的12名选手提交了13份作品,其中尼泊尔预科生雷若华、塞内加尔预科生马杜的系列短视频作品《熊猫叨叨系列》获得“炉火纯青”奖;尼泊尔预科生雷若华和柬埔寨预科生蔡经恒凭借《天下一家》和《青花瓷》获得“初露锋芒”奖;塞内加尔预科生马杜和卢旺达预科生杰斯特的《我这一年的生活》和《太阳会照常升起》获得“优秀参与”奖。此次活动为来华留学预科生提供了回顾与思考的机会,他们用镜头记录下疫情期间的学习和生活感受,讲与中国患难相处的故事,真实动人,感染力和说服力极强。

五、效果

中国现在是最安全的地方,在我的国家塞内加尔情况很不好。我在宿舍里每天都参加网课,觉得上网课很好。希望病毒能够尽快消失,让同学们回到教室里学习。

——马杜(塞内加尔)

同济最美的不是樱花,而是同济人团结友爱的心。感谢上网课的老师给我们辛苦制作课件,课后耐心地讲解习题,精心地批改作业;感谢留办老师为我们提供的便捷服务;感谢辅导员对我们身心健康的关心。我一定倍加珍惜老师们的辛勤付出,努力学习认真完成作业,以优秀的成绩回报你们。期待我们在美丽的校园重聚,期待重返我的“第二个家”。没有过不去的冬天,也没有不到来的春天!我相信,大家齐心协力,我们必定能战胜病毒,我们定会相见。

——邓大宝(泰国)

新冠肺炎疫情期间的网课对学生是一次全新的尝试,对学校和老师们更是大挑战。学院全心全意为我们调整了上课的时间,老师们耐心开导,鼓励学生,关心和照顾着学生的情绪,辅导员老师每天都会按时进行学生身体状况方面的调查。这个特殊时期,让我们感受了来自中国的很多温暖和感动。我和中国人心在一起,相信在不久的将来一切都会回到原状,一切都会逐渐好起来!同舟共济!共同努力!

——古来娜(哈萨克斯坦)

我希望全球的疫情尽快过去,整个社会恢复原来的样子。我想念中国,想念在同济上学的日子,想念樱花盛开的大道,期待早日重返校园,希望老师们和同学们多保重。

——安蕊(法国)

我看到一则令我十分感动的新闻,中国向日本捐赠了大量试剂盒和口罩,内心的感谢之情溢于言表。中日两国近年已形成密切的合作伙伴关系,这不仅对两国都有很大益处,而且对恢复世界经济而言也是一种尽责任的做法。我们作为留学生应为中日友好事业做出贡献。

——羽毛友里慧(日本)

六、案例分析

2021年5月18日,习近平总书记在给北京科技大学全体巴基斯坦留学生的回信中说道:“新冠肺炎疫情发生后,中国政府和学校始终关心在华外国留学生生命安全和身体健康,为大家提供了全方位的帮助。生命至上,不管是中国人还是在华外国人员,中国政府和中国人民都一视同仁予以关心和爱护。”

新冠肺炎在全球蔓延导致全球面临严重危机。留学生在华期间,中国政府、学校和社会各界给予了他们尊重、关爱和帮助。中国政府格外重视留学生的健康安全,学院严格把控校园安全,进校测体温,严格控制校外人员进校,食堂分流用餐,建立健全智慧教室系统等。学院督促境外留学生每日打卡了解学生健康情况,日常关心问候留学生,对紧张焦虑的留学生进行心理疏导,根据留学生所在国家的时差安排线上课程,尽可能减少学生凌晨上课的情况,向境内留学生普及防疫知识,督促其每日打卡,对校外留宿的留学生进行严厉批评,走访宿舍提醒留学生合理规划利用时间。留学生从细节处感受到了来自中国的关心和照顾。

在中国经历磨难的时候,海内外留学生纷纷对中国抗疫工作表示支持,积极配合国家、学校和学院的各项防疫政策,并且发挥自己的才能,通过绘图、写诗、唱歌、录制视频等多种形式为武汉加油,为中国加油。中国有句俗话"患难见真情"。留学生通过实际行动,坚定地同中国人民站在一起,并肩作战,谱写了一支相爱相助、休戚与共的命运共同曲。留学生在疫情期间完成的作品一经在网络平台发布,便引起了社会的广泛关注,为中国社会带来正能量。同时,留学生向世界介绍他们所看到的中国,会让国际社会对中国疫情和中国抗疫工作有更加公正的认识,一起为促进民心相通、推动构建人类命运共同体贡献力量。

第三节　校院多维关心　打造心理驿站

一、提要

新冠肺炎疫情是百年来全球发生的最严重的流行性传染病。党中央多次强调，人的生命、人的价值、人的尊严应当得到悉心呵护，不管是中国人还是在华外国人，中国政府一视同仁予以关心和爱护，保护他们的生命安全和身体健康。疫情期间，校院密切配合，关注在校留学生的学习和生活状况，想方设法帮助留学生解决生活和学习的困难，尤其注重留学生的心理疏导工作，稳定在华留学生网课期间的焦虑和懈怠情绪。学院通过“宅家厨艺秀”“线上 K 歌大赛”等丰富留学生业余生活，做好人文关怀，提高留学生的安全感和对院校的归属感。

二、活动主题

“居家学习”和“在宿舍学习”成了来华留学生疫情期间的的常态，“上网课”成为了留学生主要的学习方式。疫情期间，学校和学院各级领导和老师都十分关心在校留学生。

三、目标

在人文关怀中培养留学生对院校的归属感和认同感，组织学生活动，给予学生鼓励，舒缓留学生的紧张情绪。

四、实施过程

1. 日常管理不松懈

疫情暴发初期正值寒假，很多留学生留在校内。做好留学生疫情防控，对于校园抗疫具有重要意义。在教育部统一部署下,同济大学将在华留学生有序纳入了全校整体疫情防控体系,及时向留学生发布疫情和防控措施,通过各类渠道宣传科学防控知识,校园内实行半封闭式管理,做好留学生居住地的消毒、口罩发放、体温测试、进出登记等防护工作,并保证及时提供医疗服务。

留学生平日在网络授课软件和教学辅助软件之间切换,过着"宿舍—食堂"两点一线的生活。为了保障留校的留学生"留"得安心、"宅"得顺心,辅导员们和学生处、留办、校医院、保卫处、学生社区、教务等各条线密切配合,携手打出留学生防疫"组合拳",做好全员、全时、全程闭环管理,为在校的留学生构筑起一道健康安全防线。日常做到每日统计报告要"精准 Accurate",信息传递要"及时 Time",心理状态要"关心 Care"。学校心理健康教育与咨询中心提供抗疫心理热线咨询服务,辅导员手机保持 24 小时开机,保证学生在出现心理危机或紧急情况时能马上向老师求助。此外,学校心理健康教育与咨询中心还开通了抗疫情树洞留言板块,为学生提供即时线上心理咨询服务。

2. 慰问留校留学生

疫情期间实行线上授课的教学模式,为及时了解留校学生的学习生活情况和心理状态,院领导、班主任到宿舍走访看望留校学生,发放防疫礼包、学习文具,鼓励学生记录宅家生活,将每天阅读的书籍、生活见闻、实践锻炼等情况进行分享,记录每个精彩瞬间,共同成长。2020 年 5 月后,班主任老师陆续走进留学生宿舍,与他们面对面交谈,并为学习相对困难的留学生一对一量身定制备考计划。

牛年新春到来之际,同济大学娄永琪副校长慰问留校留学生,询问了解留学生状况,尤其是生活和学习中的困难,并赠送新春大礼包。娄永琪副校长结合自身海外留学经历,向留学生生动地讲述跨文化交流的意义,希望各位同学在中国学习时,明确个人的职业生涯目标,做好中外文化交流的使者,积极推动文明交流互鉴,并期待我们的国际学子能够在国际舞台上讲好中国故事。

3. “宅家厨艺秀”——留学生厨艺展示活动

为丰富疫情期间留学生的课余生活，学院组织“宅家厨艺秀”——留学生厨艺展示活动，为居家美食爱好者提供一个展示、交流、学习的平台，舒缓留学生的学业和生活压力。留学生中的烹饪爱好者积极报名参加活动，留学生将原材料、切备完毕的材料、配料、制作过程通过拍照记录下来，并配以中文解释原材料、烹饪步骤和过程等，展现自己国家的美食和自己的烹饪手艺。

4. “唱响国交唱响云霄”留学生线上K歌大赛

5月适逢同济大学校庆月，为了丰富留学生的课余生活，引导留学生在歌曲中了解中国文化，学院组织“唱响国交唱响云霄”留学生线上K歌大赛，以歌声表达心情，舒缓焦虑和压力。K歌歌单从经典歌曲中选择，歌曲旋律难度适中，歌词内容积极乐观，留学生可以快速学习歌曲旋律，了解歌词意思。K歌歌单如下：

(1)《我爱你中国》

(2)《在那遥远的地方》

(3)《阳光总在风雨后》

(4)《老鼠爱大米》

(5)《夏天的风》

(6)《We Are the World》

(7)《我的梦》

(8)《我和你》

本次活动精选10个优秀作品在学院公众号推出，获得众多留学生和中国学生的点赞，《我爱你中国》成为了留学生们最喜欢的歌曲之一。

五、效果

在今年疫情流行的大环境下，大家都提高了安全意识，虽然很多同学都不愿意一直在宿舍或者图书馆，但是我们知道老师为了保护我们不生病，所以我们会自己告诉自己，不可以离开学校。老师们每天要与那么多学生联系，他们很忙碌。老师们辛苦了！希望疫情快点结束，世界上的所有人都健康。

——稻生理沙（日本）

在我的国家，感染病毒的人越来越多。娄校长问我国家疫情的情况时，我感觉非常紧张，甚至都不知道怎么说中文了，但是娄校长非常有耐心，他仔细听我说话，不打断我，我感受到他的善意。虽然我之前不认识他，但是他能在过年的时候来看我，听我说话，我觉得他是真心关心我的。

——阿苏穆（赤道几内亚）

疫情期间，我没有回国，一直待在中国。我的爸爸妈妈非常担心我，但是因为我的国家与中国有很大的时差，我无法回到比利时上网课，所以我还是选择留在中国。疫情期间学校里的学生很少，我走在路上，甚至都有点害怕。班主任老师来宿舍看我的时候，我觉得自己在这里有亲人，虽然班主任老师不可能一直在宿舍里陪我，但是我会和她常常发微信，让她知道我的心情，我请我的爸爸妈妈放心，在这里，我的老师们像妈妈一样照顾我。

——陶醉（比利时）

我喜欢做饭，很高兴参加“宅家厨艺秀”这次活动。我在塞拉利昂感觉有点开心，我非常高兴我做的美食能够获得大家的肯定。

——马瑞（塞拉利昂）

我的国家是巴巴多斯，和中国有12个小时的时差，我常常凌晨上课，白天上课睡醒之后写作业，虽然很辛苦，但是我很开心，我喜欢唱歌，老师们表扬我的歌唱作品，让我觉得非常开心，我会继续努力地学习和生活。

——瑞亚（巴巴多斯）

六、案例分析

疫情期间，在完成防疫知识宣传和校内学生日常管理的基础上，学院关注留学生的身心健康，走访境内留学生宿舍，仔细了解留学生们的生活情况、思想动态、寝室卫生状况及学业情况，询问留学生在宿舍上网课、在校内食堂就餐和课下时间安排等方面面临的困难，疫情期间的系列慰问活动让远离家人的留学生感受到来自学校和学院的关怀，有效拉近师生距离，促进师生间的感情交流，使留学生能够更好地理解学校和学院的防疫政策，提高了留学生群体对学校和学院的认同感和归属感，也让在沪留学生们有机会交流倾诉心中想法，有助于同学们调节心理状态，更好适应疫情期间在中国的学习生活。

在抗击疫情的关键时期，为了使留学生不断接受在家就餐的生活习惯，学院组织了"宅家厨艺秀"——留学生厨艺展示活动，请留学生在家烹饪自己国家的传统美食。学院通过微信公众号宣传留学生烹饪各国美食的过程和成果。通过此活动，留学生一方面可以了解多国美食文化，另一方面，留学生在烹饪美食的过程中，表现出了"热爱生活"的积极心态。学院对留学生的劳动成果给予认可和鼓励，会增加留学生的自我效能感，同时为居家上课的留学生们传递正能量，凝聚人心，鼓舞士气，有助于留学生调节心理状态，对战胜疫情充满信心，即使面对困难依旧热爱生活。

疫情期间，学院为了活跃留学生居家上网课期间的生活，确保同学们拥有积极阳光的心态，在疫情中学会分享和感恩，学院特别策划组织了"唱响国交唱响云霄"留学生线上 K 歌大赛，鼓励所有学生加入进来，学习经典中文歌曲。通过演唱青春、团结、坚持等励志主题的歌曲，留学生能够带动自身的精神风貌，自己为自己加油，展现自我个性，彼此间传递正能量。

第四节　携手云端共话　创新班会模式

一、提要

疫情爆发后，留学生教学全部转在线，留学生第二课堂管理的模式也随之发生改变。学校邀请留学生家长共同关注留学生线上课程学习，加强班级建设，"云班会""云家长会"应运而生，营造虽远在天涯、犹近在眼前的班级氛围。

二、活动主题

疫情期间，第二课堂日常班会也由线下变为了线上，学院探索利用网络资源对留学生进行思想教育。因为诸多留学生在境外家中参加网课，为深入了解学生在家期间的学习条件，获得家长对学院工作的支持，学院开展"云家长会"。

三、目标

疫情期间，通过"云班会"和"云家长会"，多维度追踪学生动态，了解学生真实的需求，给予学生需要的支持。

四、实施过程

1. "云家长会"

疫情期间，因为多数留学生无法进入中国参加线下课程，只能居家上网课。根据任课老师和班主任的反馈，有不少学生全日制上课中，面临着家庭经济压力大需要打工贴补家用、家中孩子众多需要分担家务、无独立房间无法安静上网课等困难，班主任和辅导员通过学生与家长交流，邀请家长进入学生课堂，加强家校合作，举行“云家长会”。学院老师、40 多个国家的留学生和家长线上见面，相聚云端。本次活动特别让与会的留学生为家长们翻译转达会议内容，不但检验他们这段时间的学习成果，而且将中国政府奖学金生预科教育理念以及本学年的要求传递给家长。

学院根据留学生的地域分布及时差情况，灵活安排上课时间，以争取尽可能多的学生能参与线上实时授课。学院特别设立了学业辅导第二课堂，开展包括“汉语角”“数理化中国朋辈导师微信答疑”“学长学姐学习经验介绍”“HSK 备考辅导班”“早安中国 · 每日一句”等线上活动。通过教学管理减少留学生上课时差的困扰，通过学长学姐分享学习经验和学习感悟引导留学生更快适应线上教学方式，与中国朋辈导师的交流缓解留学生因无法入境而产生的心理焦虑、文化疏离感。

一名柬埔寨母亲在“云家长会”发言中表示，中国是一个充满希望的国家，疫情期间，中国经验帮助柬埔寨应对新冠肺炎疫情，她常常告诫儿子要珍惜时间，珍惜中国政府给予的学习机会和奖学金，要对同济大学老师们的亲切教导怀着一颗感恩的心。母亲希望小女儿在长大以后也能有机会能来到中国同济大学学习，希望疫情快点结束，中柬友谊长存。

优秀留学生校友尼采赛（贝宁）、雷若华（尼泊尔）分享他们学习经验。要认真完成老师给的学习任务，加强听力训练，多说话、多看电视剧、多写字等，这些都是学长们学业取得胜利的重要法宝。关于如何进行线上课程，学长的建议是，尽量录屏、认真学习、及时间老师、认真做作业、提高自控能力。至于学习期间有时候会产生自我怀疑，这很正常，要相信自己，并且让自己保持健康快乐。

2. 线上系列主题班会

全球疫情初期，“读新闻 · 谈抗疫 · 爱同济”云班会带领留学生走进“抗疫生活”，新冠肺炎病毒是人类共同的敌人，人类应该团结一致，集体抗疫。中国政府在抗疫过程中承担了极大的社会责任，中国人民在集体利益面前顾大局、识大体，这种胸襟和气魄实属难得。中国集中社会一切力量应对疫情，体现出中国的综合实力，建立野战医院和生产大量医疗器械彰显了中国的工业能力,疫苗和抗病毒药的迅速研发、物流高效有序、雷达精准定位等彰显了中国的科技能力。莫桑比克的阿敏多表达了自己留在中国的心情,境外留学生代表何恩蒂(阿尔巴尼亚)、梅泽瑞(阿联酋)、伊贺思(土库曼斯坦)向老师同学们介绍自己国家的疫情。留学生们从多角度评价中国抗疫,态度非常积极。

学院特为没有到过中国的留学生设计组织了主题班会,向留学生介绍中国不同城市的文化和历史。2021 年 3 月 H&M"抵制新疆棉花"声明事件后,我们特别推出了一期面向全校留学生的主题班会"云游中国——我们新疆"。班会由来自新疆吐鲁番市的李老师主讲,李老师从地理位置、民族组成、自然资源、特色产业、美食、美景六个方面向留学生们讲述她家乡的故事。新疆维吾尔自治区位于中国西北,总面积约占全国陆地面积的六分之一,与俄罗斯等 8 个国家接壤,是古代"丝绸之路"上的一个重要地区。有 13 个民族的人们定居在新疆,各民族至今相互尊重,语言丰富,各民族都有使用和发展本族语言文字的自由,有保持或者改革自己的风俗习惯的自由。国家根据各少数民族的特点和需要,帮助各少数民族地区加速经济发展和文化的交流,多民族文化交汇融合,共同繁荣。李老师还介绍了新疆重要的农作物——棉花,随着工业化的发展,新疆棉花的机械采摘率已经达到约 70%。

3. 通过微信公众号宣传抗疫榜样事迹

2020 年疫情期间,中国硕士生赵龙举主动请缨,报名浦东国际机场疫检的志愿者岗位,协助海关联防联控工作人员,督促韩国、意大利、伊朗、日本等重点疫区旅居史的入境旅客填写"健康云"相关信息,同步进行核实并录入电脑。疫检志愿者在工作期间身披防护服,因为要充分利用好防护物资,至少 4～5 个小时内不能喝水,不能上厕所。与不懂英文或者具有很强口音的外国入境者交流沟通成为工作中的难点,赵龙举结合硕士期间学习的跨文化交际知识和英语技能,耐心地为不同国家的旅客讲解各项软件使用,安抚他们的紧张情绪,指引他们完成一系列检查。在志愿服务过程中,赵龙举对国际中文教育者的使命和职业前景有了新的认识和感悟。学院通过微信公众号宣传了这位“沪上守护者”的事迹，向留学生讲有温度、有情怀、有担当的身边“战疫”经历，为留学生树立身边榜样，理解“大爱无疆”的中国情怀。

五、效果

疫情期间，我只能在索马里的家中学习，我觉得很遗憾，我非常想去中国学习中文，因为我学习中文就是为了更好地了解中国。我的父母非常支持我学习中文，我的父母花了很多钱搭建无线网，让我能够上网课，所以，我非常努力地学习。有时候，我凌晨上课，上课后再睡觉，睡醒之后看课程录像写作业。虽然很辛苦，但是我知道，疫情结束之后我肯定可以去中国，那时候我将实现我的梦想。

——索多(索马里)

柬埔寨和中国是邻居，我小时候常常能在柬埔寨看到中国商人和旅行者，他们看上去非常友好。我的父母一直非常支持孩子们去中国学习，他们觉得在中国，我们可以见到更多的人，学习到更多的知识。疫情期间，我和哥哥妹妹都在家里上课，我的父母有很大的经济负担。为了帮助妈妈干活挣钱，我想休学，但是我的妈妈不同意，她希望我们都能够继续读书。我非常感谢我的父母和我的家人，我现在努力学习，以后我就会有更多更好的工作机会，对社会发挥我的价值。

——潘李红(柬埔寨)

我的祖国哈萨克斯坦距离新疆很近，在读大学之前我曾经在中国新疆旅游，我看到新疆的人民很幸福，少数民族的人民有自己的生活习惯和宗教信仰。现在很多大学都在帮扶中国经济相对比较落后的地区，比如同济大学就在帮扶云南省大理州云龙县，我知道很多大学的学生和老师也在假期去新疆做一些志愿者活动，我觉得，这是非常有意义的。

——李音羲(哈萨克斯坦)

在意大利爆发疫情以后，阿尔巴尼亚政府马上宣布封城。目前大概有300多名感染者，我现在有点害怕，医院里都是人，我现在只能呆在家里，不能去别的地方，我不知道这样下去疫情会不会有好转，但是我也不知道能做什么。

——何恩蒂（阿尔巴尼亚）

有些话说起来很简单，做起来却很难。我发现很多中国人有这样一种潜质，他们默默无闻，说得少，做得多，或者说，为别人做得多。疫情期间，大家都紧张，每个人都担心生病。就是有些人，他们总在你需要的时候给予你最需要的帮助，一句话一个微笑，都能够带来温暖。

——哲霓（俄罗斯）

六、案例分析

疫情爆发前，来华留学生的教育教学都在线下进行，学生管理以师生直接沟通为主。因为来华留学生的父母不在中国，跨国联系过程存在语言不通、交流障碍等困难，来华留学生家长会一直是学生管理中未实现的教育方式，培养院校也较少与留学生家长直接沟通。疫情期间多数留学生在境外居家上课，家长最了解境外学生的学习和生活情况，学院组织“云家长会”，鼓励留学生邀请家长一起参加班会，留学生作为纽带，为家长做翻译，帮助学院老师与家长沟通交流。家长了解中国教育和留学生目前学习现状后，可以给予学生相应的督促指导，更多地参与中国大学的教育环节。通过云家长会，学校和学院架设了与家庭协同教育的桥梁，形成教育合力，不断提升留学生的教育成效。

班会是加强留学生班级凝聚力、对留学生进行思想教育的一个重要途径。疫情期间，学院结合时事热点，以“从国际角度了解全球抗疫”“新疆棉”等为主题，以师生同读新闻，共同参与讨论的形式开展线上班会，了解留学生的心理活动和思想动态，引导留学生从多角度了解一个真实的中国，提高留学生对不实言论的判断能力，增加对中国的了解和信心，向留学生讲好中国故事。云班会使远隔万里的留学生们虽然不能“面对面”，却体会到了“心连心”的力量。新冠疫情在同学们所在的国家仍不断蔓延扩散，各国人民均面临危机，故而我们更加提倡建设“人类命运共同体”，各国团结一致，相互理解，互帮互助，携手应对全球性疫情的挑战。

在疫情期间，学院涌现了一批抗疫先进代表，他们不忘初心，牢记使命，敢于拼搏，敢于斗争，逆风而行，他们在平凡的岗位上默默奉献，踏实肯干。学院通过微信公众号宣传中国学生的抗疫事迹，旨在为留学生树立朋辈榜样，让留学生了解身边的中国学生在抗疫过程中展现的优良品质和责任担当，从他们身上获取积极的能量，并向他们学习。

第六章　时事热点篇

第一节　学十九大报告　理解中国智慧

一、提要

2017 年 10 月 18 日，中国共产党第十九次全国代表大会在北京人民大会堂隆重开幕，习近平总书记代表第十八届中央委员会向大会作报告。“中国特色社会主义进入了新时代”“新时代中国共产党的历史使命”“新时代中国特色社会主义思想”“我国社会主要矛盾已经转化”……十九大报告中出现的不少“关键词”，提出了新理念、新思想、新战略。来自世界各地的留学生因为梦想相聚在同济大学，一起热议十九大。

二、活动主题

瞩目十九大、国际文化交流学院留学生学习十九大。

三、目标

为了面向留学生讲好中国故事、传播十九大精神，学院始终注重用留学生听得清、看得懂的话语展现真实、立体、全面的中国，阐释十八大以来中国社会发生的根本性变革。

四、实施过程

1. 观看十九大现场直播

2017 年 10 月 18 日上午 9 点，中国共产党第十九次全国代表大会在北京召开，学院组织师生在 214 会议室集体观看现场直播。参加本次活动的师生代表共 40 人。

2. 学习十九大报告座谈会

2017年10月24日中国共产党第十九次全国代表大会在北京闭幕。为了帮助学生了解十九大的召开背景、主要议题和重大意义,学工办在学院东厅举办一场关于十九大的午餐座谈会。座谈会由国际学生辅导员主持,辅导员老师引导同学们从自己感兴趣的议题出发,畅谈对十九大的观感。座谈会前,学工办还安排部分同学提前做了功课,与大家分享他们国家的主流新闻媒体关于中国十九大的报道和评价。

五、效果

孟加拉是中国的友谊之邦,中国的"一带一路"倡议更是推进了两国间的贸易往来,因此孟加拉媒体对于中国十九大十分关注。我爸爸是一名在中国从事贸易的商人,我对"一带一路"带来的益处可谓是深有体会。与此同时,我认为中国的反腐败,以及全面实现小康社会的理想是十分值得称赞的,期盼孟加拉有一天也能像中国一样,不断缩小贫富差距,让孟加拉的人民能够全面奔小康!

——王亚美(孟加拉国)

作为留学生,我非常关心"一带一路"的情况。习近平总书记提出的许多想法,带动了,"一带一路"的发展,让许多缅甸学生有机会来中国学习,学习汉语、建筑还有科技。在十九大报告中,给我留下深刻印象的是"四个全面"。在中国学习期间,我发现中国的发展非常快,比如高铁、共享单车、嘀嘀打车,出门不用带银行卡,也不用带现金,用手机支付。在缅甸这些都暂时不可能实现,我希望"一带一路"可以扩展到周边国家,让大家都共享发展的红利。

——萨克(缅甸)

领导力对一个国家的影响非常大。作为中国这样一个大国的领导人,治大国如烹小鲜,习近平主席非常有魄力,带领中国取得了辉煌的成就。目前,中国正面临经济转型和多种多样的复杂局势,在这样的情况下,需要有像习近平总书记这样有能力、有魄力、有远见的领导人来领导国家。十九大期间，我在街上看到许多横幅，许多话语都是之前没见到过的。看到这些话语，让人心潮澎湃，激动万分。

——钟汉生(印度尼西亚)

十九大是个好机会，让世界了解中国。世界可以通过这个机会了解中国的发展理念和计划，越来越多的国家了解到中国在国际社会中的形象，通过十九大让我们看到一个开放、强大、自信的中国。比如移动支付、共享单车等改变了我们的生活方式，这是其他国家难以比拟的。我衷心希望中日关系越来越好。

——张本博(日本)

十九大
中国人民期盼的十九大终于开始了
咱们一边喝茶一边谈谈
你是否注意到飞往北京的飞机
好似编好队的鸟儿飞向北方
你是否注意到驶向北京的火车
承载着的都是十九大党代表
大家聚集在首都北京
是为了实现中华民族的伟大复兴

十九大
也许你和其他外国朋友要问
这跟我有什么关系
你认真听吧
中国共产党第十九次全国代表大会
这是做出伟大国家决定的盛会

40 个选举单位的代表团结在一起
2280 名代表的协调统一
象征着各行各业公民的和谐
从最高职业一直到基层
是一个伟大国家的团结
是为了实现中华民族的伟大复兴

十九大
对这个国家的每个人来说
是一个美妙的时刻
蕴藏着伟大的感情
外国友人眼中的你
我们享受着和平与安全
精彩的教育
稳定的经济
完善的设施
丰富的食物
每一处的便捷交通
促进了良好的国际关系
那是大会做出的正确决定
是为了实现中华民族的伟大复兴

十九大
吃着爆米花来聊天
伴着旋律唱起国歌

观看党的领导人庄严的讲话
在习总书记领导下
人民生活不断改善
反腐败,一带一路
建设美丽中国与推进绿色发展
促进经济发展与维护国家安全
保护自然环境与优先发展教育
坚持改革开放与推进世界和平
实现中华人民伟大复兴
是近代以来中华民族的伟大梦想

十九大
听习总书记说着胜利和希望
代表们在为他鼓掌欢呼
为已经取得的那些成绩
也为必将取得的成就
无论是艰难时期
还是国力雄厚之时
无论是顺境或是逆境
中国共产党都一直努力誓言
为了克服斗争
不断提高人民的经济地位
是使命呼唤了责任
又引领了未来
使人民拥有了信仰

为民族创造了希望

给国家带来了力量

一切是为了实现中华民族的伟大复兴

啊！十九大！

——陶艾德（马拉维）

六、案例分析

在党的十九大报告中，习近平新时代中国特色社会主义思想以“八个明确”的基本内容和“十四条坚持”的基本方略，形成了新的、系统完整的科学理论体系。这一伟大思想涵盖了新时代坚持和发展中国特色社会主义的总目标、总任务、总体布局、战略布局和发展方向、发展方式、发展动力、战略步骤、外部条件、政治保证等基本问题。将十九大精神融入留学生第二课堂是中国特色外交的重要渠道，也是我国高校教育事业国际化发展的时代选择。第一，提高留学生育人活力。学院以全国思想政治工作会议精神为指导，坚持做好新形势下的留学生思政工作，在思政教育中注重结合留学生的思想实际和认知规律。学习“载体要活”，国际学生辅导员、任课教师和留管干部不断创新留学生必修课“中国概况”课堂学习的载体，充分运用观看影视资料、组织参观访问、指导课外阅读、开通网络课程、拍摄主题微视频等新的教学手段，润物细无声地调动留学生学习的主动性。第二，开展留学生校园文化活动。中华文化积淀着中华民族最深沉的精神追求，是中华民族生生不息、发展壮大的丰厚滋养。校园文化作为社会文化的重要组成部分，在留学生思想教育中起着重要的作用，丰富的校园文化活动，可以使思想政治教育的内容在留学生的思想和行动中活起来，使留学生在参加文化活动的过程中有所感悟，得到提升。学院通过开展丰富多彩的十九大精神主题学习文化活动，营造浓厚的学习氛围，激发留学生学习的动力。第三，开展留学生社会实践活动。学院以十九大精神为指引，引领留学生的社会实践活动。通过组织开展社会实践可以帮助留学生认识和体验中国社会。留学生在课余或假期深入社区、红色革命教育基地以及广大的农村地区，让留学生真切感受到中国新农村的巨大变化，感受中国政府和中国共产党的治国理政能力，他们才能够真正体会到中国高等教育的精髓，成长为中国高等教育的域外果实。作为国际文化交流工作者，有责任把十九大制定的中国未来的发展战略和方略传播给留学生，让他们成为不同国家了解中国、传播中国故事的重要渠道。

第二节　激荡四十春秋　惊叹中国变化

一、提要

改革开放是中国和世界共同发展进步的伟大历程，40 年来的成就对中国和世界具有双重历史意义。从中国视角来看，改革开放 40 年的成就为最终完成近代中国 200 年的历史任务夯实了基础，提供了坚实的物质条件与宝贵的精神资源。从世界视角来看，中国改革开放 40 年的成就加速了世界历史朝向人类解放的发展进程，促成人类文明向更高级的形态迈进。让留学生感受和了解改革开放伟大成就，用中国方案引导留学生，坚定留学中国的信心。

二、活动主题

在交融中聆听中国最强音——探寻历史变革，体验传统文化魅力。

三、目标

在改革开放 40 周年、浦东开发开放 28 周年之际，更好地了解改革开放的重大成果、体验传统文化与现代发展相交融的巨大魅力。

四、实施过程

1. “探寻浦东历史变革、聆听改革开放最强音”专项社会实践活动

2018 年 4 月 24 日，在改革开放 40 周年、浦东开发开放 28 周年之际，为更好地了解改革开放的重大成果、体验传统文化与现代发展相交融的巨大魅力，同济大学团干部、校学生骨干、青马班优秀学生以及来自 7 个国家和地区的留学生共 13 人组

成的实践团赴上海浦东新区开展"探寻浦东历史变革、聆听改革开放最强音"专项社会实践活动。在活动中，中外学生结成对子，由中国学生带着留学生参观、面对面给留学生讲解。

2. 同济大学博士生奥斯卡在纪念改革开放四十周年"学在中国"全国来华留学博士生论坛上发言

2018年10月20日，在成都世纪城新国际会展中心，举行"四十载春华秋实，新时代汇才聚智"——纪念改革开放四十周年"学在中国"全国来华留学博士生论坛。该论坛旨在搭建来华留学生人才培养与文化交流的平台，促进来华留学生培养质量的提升。

此次论坛期间，奥斯卡同学参观了高博会相关展厅和其他分论坛，与其他留学生就在华学习生活进行了交流分享。奥斯卡同学的论文《渗透结晶型材料提高既有建筑混凝土性能的机理分析》已被收录至论坛论文集。

五、效果

这次实践活动令我印象最深的是陆家嘴金融中心前后对比图。现在人们听到"陆家嘴"这个词的话，可能大部分人都容易想到摩天大楼，可是20年前的陆家嘴是和现在一点儿也不一样，20年前这里就是一片荒地。这一组照片令我深感中国改革开放后发展的速度。

——矢部翼(日本)

尽管上海经济和技术发展非常迅速，但上海对于中国传统文化的保护与传承也下了很大功夫。通过参观浦东新区公立医院与上海市中医药博物馆，我们可以了解中医的发展历史与文化，也深入体验了诊脉、望闻问切的高超技艺。

——陈美芝(巴西)

作为医学生的我对中医真的很感兴趣。当初之所以没有选择学中医是因为真的没有信心可以学好。可是参观结束后，我既庆幸又遗憾。庆幸是因为没有选择学中医，它比我想象的要难太多了！遗憾也是因为没有选择学中医，它这么棒，我很想把它带到我的国家让更多的人了解体验中医的高超技艺。

——王亚美（孟加拉国）

中国的改革开放政策特别是2013年中国提出的“一带一路”倡议，对我的国家很重要，尤其是中国和巴基斯坦共同设立的“中巴经济走廊”项目。对于我来说，能够来中国学习汉语和中国科技非常重要。我希望能够毕业以后为这个项目作出自己的贡献。过去我在巴基斯坦自费学习汉语，能够来中国学习是我的梦想，申请到中国政府奖学金以后，圆了我的留学梦。我希望能够学好专业，成为一名有用的人才。

——查德瑞（巴基斯坦）

我2018年来中国以后，感觉中国的发展跟我当时在国内看到的新闻不一样。中国的发展非常好，速度也很快，就像中国的高铁一样快。我的爸爸从事中缅贸易已经好多年了。一直从他那里听说中国的情况，但是还没有亲身经历过。我爸爸说80年代的时候感觉中国的物资还比较贫乏，到了90年代以后就非常不一样。最近这几年，中国的发展尤其快，慢慢富裕起来了。我觉得使用微信和支付宝都特别方便。环境污染是发展中的一个重要问题。过去在新闻里听说中国雾霾很严重，还知道了一个词叫APEC蓝，说明人们对环境非常重视。但是我来中国以后，发现中国的天空很好，几乎没有什么雾霾。希望中国的发展越来越好，希望中缅之间有更多合作，造福下一代。

——许灿忠（缅甸）

六、案例分析

2018年12月18日上午10时，庆祝改革开放40周年大会在人民大会堂举行，中共中央总书记、国家主席、中央军委主席习近平出席大会并发表重要讲话。“改革开放是我们党的一次伟大觉醒”“改革开放是党和人民大踏步赶上时代的重要法宝”“改革开放已走过千山万水，但仍需跋山涉水”……为了推动全球开放发展，构建各方受益的开放型世界经济,中国向世界贡献了基于自身成功经验形成的开放理念。

首先,立足对外开放理念,用中国实例引导留学生。在组织留学生参加与“改革开放 40 周年”有关的社会实践过程中,中外学生结成对子,由中国学生带着留学生参观,讲好中国对外开放的意义和逻辑,让留学生全面认识中国对外开放互利共赢的本质特性。讲解过程立足制度开放理念,将中国倡导以规则为导向的全球治理与中国对外开放的规则等制度建设实践结合起来,在留学生中树立中国遵循联合国宪章及公认国际法准则的良好形象。讲解过程还立足共同开放理念,将人类命运共同体建设与构建开放型世界经济结合起来,用中国案例引导留学生加入到对外开放的共同行动中来。

其次,展示改革开放成就,传递获得感和成就感。浦东开发开放主题展共有八个展区,除了序厅和尾厅外,其余六大板块总体按照浦东新区四届区委确定的“2 + 2 + 2 + 1”发展战略来布局。浦东开发之初,开发领导小组办公室当时的办公和生活场景给观众强烈的视觉冲击,在参观过程中体会出创业者的艰苦创业精神。整个展览的历史厚度与文化深度都让留学生赞叹不已,极大地提高了中外学生对当前生活的获得感和成就感,还使留学生深刻地感受到改革开放理念下中国的巨变和对世界的贡献。

最后,坚定留学中国信心,努力学习“中国经验”。通过社会实践活动,留学生们亲眼看到 30 年的开发开放,浦东已经从一片农田成为上海现代化建设的缩影和中国改革开放的象征。留学生们对快速发展中的当代中国更加认同和向往,很多留学生坚定了留学中国的信心,努力学习“中国经验”,不少留学生表示毕业后要留在中国深造,积极搭建自己的祖国同中国沟通的友谊之桥。

第三节　共庆七十华诞　领略中国震撼

一、提要

2019 年 10 月 1 日上午，庆祝中华人民共和国成立 70 周年大会在北京天安门广场隆重举行，20 余万军民以盛大的阅兵仪式和群众游行欢庆共和国 70 华诞。由中外青年携手组成的“人类命运共同体”方阵首次亮相国庆游行队伍，数百名外国青年一起为新中国 70 周年华诞送上了特殊的祝福。

二、活动主题

留学生热议中华人民共和国成立 70 周年。

三、目标

为热烈庆祝中华人民共和国成立 70 周年，认真贯彻落实习近平新时代中国特色社会主义思想，引导广大青年大力培育和践行社会主义核心价值观，激发广大师生爱国热情，增强民族自豪感和开拓创新精神。学院组织留学生观看新中国成立 70 周年国庆阅兵仪式活动。

四、实施过程

1. 观看新中国成立 70 周年国庆阅兵庆典

2019 年 10 月 1 日上午 10 时，学院组织留学生在学院 312 报告厅观看新中国成立 70 周年国庆阅兵庆典。70 响礼炮响彻云霄，国旗护卫队官兵护卫五星红旗，从人民英雄纪念碑行进至广场北侧升旗区。中国人民解放军联合军乐团奏《义勇军进行曲》,全场高唱中华人民共和国国歌,五星红旗冉冉升起。空中护旗梯队拉开了阅兵分列式的序幕,中国共产党党旗、中华人民共和国国旗、中国人民解放军军旗飘扬在天安门广场上空。20 架直升机组成巨大的"70"字样。受阅部队由 15 个徒步方队、32 个装备方队、12 个空中梯队组成,"人类命运共同体"是第 32 号方阵,随着一曲婉转悠扬的《千年之约》中外青年携手前行,现场的解说词是:"一带一路"通古今,"友谊之桥"跨海陆,和平风帆共五洲。中国发展离不开世界,世界发展也需要中国。今天的节日,属于中国人民,也属于热爱和平的世界人民。

庆祝中华人民共和国成立 70 周年阅兵式是中国特色社会主义进入新时代的首次国庆阅兵,彰显了中华民族从"站起来"、"富起来"迈向"强起来"的雄心壮志。

2. 感知中国主题活动

2019 年 10 月 15 日,为了让越来越多的高校致力于搭建多维度、全方位的平台,让留学生在点滴中感知更真实的中国社会。在国家留学基金委的支持下,同济大学承办中国政府奖学金留学生"感知中国"主题活动,充分领略了新中国成立 70 周年来我国取得的一系列成果,亲身触摸现代中国的经济发展水平。同济大学、上海音乐学院百名留学生参观了同济大学深海探索馆、宝钢集团。10 月 19 日,同济大学、上海财经大学百名留学生参观了开能环保公司,参观了横沙岛怀新农场。体验新农村建设,参观特色五彩主题稻田,了解有机大米生长过程,割稻子、碾米活动,部分人手工体验,稻草杯垫编织等。

五、效果

来中国之前,很多人告诉我中国正在变得强大。今天看了庆祝活动以后,我就能理解朋友们为什么这样说了。

——杜斌(德国)

越来越多的苏丹学生来到中国学习中文,很多父母希望他们的孩子以后能够在中国学习、工作、生活。

——季薇丽(苏丹)

看了今天的阅兵式,我希望以后能够留在中国,因为我的未来在中国。

——萨法(苏丹)

我学习中文很长时间了,在同中国的接触中,我感到中国发展很快。今年是新中国成立70周年,希望中国和柬埔寨在未来关系越来越好。祝中国越来越强。

——初兴(柬埔寨)

我来中国已经四年了。刚来中国时感到陌生,但现在感觉中国是自己的第二个家,我想把最好的祝福带给中国。

——颜杨青(泰国)

六、案例分析

在庆祝中华人民共和国成立70周年大会上,习近平总书记发表重要讲话,深情回望70年前新中国成立这一伟大事件,赞扬70年来全国各族人民取得的令世界刮目相看的伟大成就,宣示前进征程上不断创造新的历史伟业的坚强决心和坚定信心,号召全党全军全国各族人民继续把我们的人民共和国巩固好、发展好,继续为实现"两个一百年"奋斗目标、实现中华民族伟大复兴的中国梦而努力奋斗,讲话成为中国人民和中华民族在新时代迈向新辉煌的宣言书和动员令。

第一,彰显中国军人精神。留学生聆听习近平总书记的重要讲话,观看了中国盛大的国庆阅兵画面,也不时传来惊叹和欢呼声,中国的强大和中国军人保家卫国的民族精神和让他们竖起了佩服的大拇指,也让身处同济、身在中国的他们倍感荣耀,他们纷纷表示一定要在同济大学好好学习,发挥文化传播的桥梁作用,回国后传递中国好声音,讲好中国好故事。

第二,感受中国博大胸怀。本次活动是同济大学国际文化交流学院积极开展"不忘初心、牢记使命"主题教育的重要活动之一。通过此次活动,让来华留学生感受到了中国博大的胸怀，逐渐开始领会了习近平总书记提倡的构建“人类命运共同体”的全球价值观。

第三，体悟现代中国。作为庆祝新中国成立70周年系列活动，同济大学承办了中国政府奖学金留学生“感知中国”主题活动。同济大学、上海音乐学院近百名中国政府奖学金生参观同济大学深海探索馆，同济大学海洋学院的学生志愿者向留学生们科普了海洋知识和我国“海洋强国”的发展方针，留学生参观了“海洋纵览”“深海探索”“深海遨游”“海底观测”四个展区，了解人类探索深海的进程及最新科技与发现。参观的留学生们还当上了一回深潜科学家，模拟在“蛟龙号”抓取深海样品，体验深海遨游。一名留学生表示，通过参加活动，他对中国先进的科技水平和在可持续发展道路上的努力与成就有了更直观的了解，也深切认识到中国在过去70年里取得的社会、经济、科技的巨大进步。

第四节　热议主席来信　感受中国温暖

一、提要

2020年5月17日，习近平主席给北京科技大学全体巴基斯坦留学生回信，信中对来华学习的各国优秀青年表示欢迎，鼓励他们多同中国青年交流。同济大学通过组织工作人员和留学生讨论回信内容，一致认为既是对全体来华留学生的激励和鼓舞，也振奋着国际学生辅导员和留管干部的信心和精神。

2021年6月21日，中共中央总书记、国家主席习近平给北京大学的留学生们回信，回信在同济大学留学生中引发热烈反响。留学生们纷纷表示，习近平总书记的回信情真意切，深受感动、备受鼓舞。在同济大学求学期间，他们真切感受到中国的发展，他们将更加深入了解真实的中国，向更多人讲述中国故事，展现真实的中国面貌，为促进各国人民民心相通发挥积极作用。

二、活动主题

留学生热议《习近平给北京科技大学全体巴基斯坦留学生的回信》和《习近平总书记给北京大学留学生们的回信》。

三、目标

通过讨论习近平主席给北京科技大学全体巴基斯坦留学生的回信，了解中国国家领导人对留学生的关心，对各国青年推动构建人类命运共同体的期待。通过讨论习近平总书记给北京大学留学生们的回信，感受中国共产党总书记对各国青年的殷切期盼。

四、实施过程

2020年6月5日下午,为深入学习习近平主席给北京科技大学全体巴基斯坦留学生重要回信精神,同济大学组织学院师生代表在衷和楼704会议室集中学习。会议邀请国际文化交流学院、土木学院、经济与管理学院、上海国际知识产权学院、中德学院、航空航天与力学学院、留学生办公室等部门主管领导、留学生代表等共同参与。

2021年6月21日,中共中央总书记、国家主席习近平给北京大学的留学生们回了一封信。这封信受到了国际文化交流学院教师和留学生群体的广泛关注,引发了大家的热议。

五、效果

1. 热议《习近平给北京科技大学全体巴基斯坦留学生的回信》

感谢习近平主席的回信,非常认同他的话。我们的确处在一个艰难的时期,需要互相支持和帮助。在这个特殊的时期,中国政府、同济大学和我们的中国老师同学给予了我们很多关心和帮助,我无比感激。中国也证明了她对本国国民和留学生没有差异,一视同仁。我们把中国当作自己的第二故乡。正像习主席说的那样,现在是我们团结一致,相互支持的时候了。我们要向世界证明,我们不仅能同享福,还能共患难。”

——阿娜(巴基斯坦)

读了习近平主席给北京科技大学全体巴基斯坦留学生的回信,产生了许多想法和感悟。我在中国学习快2年了,通过参加各种文化体验活动,加深了我对中国的了解。感谢中国政府和同济大学在疫情期间对我们全方位的帮助。巴基斯坦是最早与中国建交的国家之一,明年是巴中建交70周年,许多巴基斯坦人经常说巴中友谊比山高、比海深,我们为这份特殊的友谊感到自豪。我将践行习近平主席说的人类命运共同体的理念，积极发挥自己在巴中交流中的桥梁作用，将在中国学到的知识带回巴基斯坦，为巴中友谊贡献自己的一份力量。

——穆娜(巴基斯坦)

在同济的这段时间，深切地感受到中国人在生活的各个方面都非常贴心，并且富有合作精神。新冠肺炎疫情爆发后，中国政府和同济大学一直非常关注在华留学生的安全和健康问题，为我们提供了全方位的帮助。不管是中国学生，还是留学生，中国政府和中国人民都一视同仁。“人类命运共同体！患难时期的好兄弟！好朋友！”

——阿扎迩(巴基斯坦)

疫情期间，中国所牺牲的代价，所付出的努力，所担当的责任，我与其他同胞们昭昭在目。疫情爆发使得我发现，人类命运共同体是中国提出，亦是中国用行动来实现的。中国加油！柬埔寨加油！世界加油！

——陈光利(柬埔寨)

读完回信之后，我想补充一句：中国不仅在这次疫情期间对留学生提供了很多帮助和支持，而且是在我们的整个留学生涯中都是如此。我认为中国是出国留学最安全的国家之一。我们都非常期待返回中国的那一天。希望这场蔓延全球的疫情尽早结束。

——艾丽莎(俄罗斯)

2. 热议《习近平给北京大学的留学生们的回信》

读了习主席的回信后，我产生了许多感悟。我非常赞同习主席所提到的“百闻不如一见”。在中国留学期间，通过在中国的所见所闻所历，我深刻地认识到，当今中国14亿人的幸福是如何砥砺奋斗出来的。如今，在中国共产党的领导下，中国的“一带一路”倡议、人类命运共同体等理念正在为促进人类进步事业作出巨大贡献。作为一名留学生，我将结合自己在中国的切身感受，向世界讲述好我的中国故事。

——陈光利(柬埔寨)

不知不觉中,我已经在中国度过了七年多时间,见证了中国的快速发展和变化。感谢中国给予我们学习机会和人文关怀。我会遵照习主席的要求,在求学期间多了解中国、多学习专业知识,回国后利用在中国学到的知识,为自己国家的道路建设贡献一份力量,为促进两国交流合作作出贡献。

——王子[刚果(布)]

我是2015年9月进入同济大学医学院开始英文授课(MBBS)临床医学本科专业的学习。近6年的学习时光,让我不仅在同济大学到了专业的知识技能,更感受到中国各方面的迅速发展和中国在留学生培养上体现出的温暖和关切。作为一名医学生,我目睹了中国在这次疫情中所体现出来的高效的公共卫生处理能力,让我能够在安全的环境中顺利完成学业。今后不管走到哪里,我都将以能够在中国求学而自豪,不遗余力当好中国文化传播的使者。

——瓦娜(印度)

2020年是痛苦且充满奇迹的一年,深陷疫情之中的人们看到了中国强大的执行力与担当。习主席的回信字里行间透露出对中国和中国共产党发展的自信,让来自还在探索的发展中国家的我看到了发展的新希望,也更加坚定了我在中国学习的信心。在中国共产党建党100周年之际,祝福中国共产党繁荣昌盛!

——黎海蓝(委内瑞拉)

我喜欢中文,从高中开始学习中文。在上海的学习交流,让我深入了解中国的发展。在新冠肺炎疫情期间,我看到了中国对意大利的援助,感谢同济大学的老师们对我们留学生的关心,我对自己曾在中国留学感到骄傲。中国共产党100岁生日到来之际,祝福她!我也即将结束在同济大学最后一学期的学习,成为一名在意大利教学的高中老师。我会继续传播中国文化,结合自己的经历和学到的知识,让更多人了解真实的中国,爱上中国。

——冒倜德(意大利)

六、案例分析

新冠肺炎疫情爆发以来,学校始终将包括来华留学生在内的全体师生的生命安全和身体健康放在首位,做好所有师生健康管理工作。我们不断关注并妥善解决境内外留学生在学习和生活上的实际困难,加强与境内外留学生的沟通联系,将中国政府和中国人民为全球疫情防控所做的努力和成功经验传递给每个留学生。

第一,携手并进,推动构建人类命运共同体。面对突如其来的新冠肺炎疫情,中外师生命运与共、同气连枝,各国学子纷纷挺身而出,或投身志愿服务、或主动捐款捐物共同战"疫"。习总书记给巴基斯坦留学生的回信发布后,我们及时组织留学生学习,既是传递中国领导人对全体留学生的激励和鼓舞,也振奋着留学生工作者的信心和精神。我们传递给国际学子的不只是中国的历史和文化,还有包容天下、共享发展的理念。留学生工作者和留学生一道,戮力同心,战胜疫情,教育为媒,心手相牵,积极培养参与全球治理的能力和素养,为构建人类命运共同体贡献自己的智慧和力量。

第二,躬身力行,深入了解真实的中国。来华留学教育事业作为高校国际化发展的重要组成部分,在深化中外人文交流、增进民心相通、传播中国文化等方面发挥了重要作用。我们始终秉承开放的心态,欢迎全世界优秀青年学子来华深造,让他们了解中国法律法规、国情校情和风俗习惯,增强留学生对中国发展的理解和认同,促进中外学生融合,共同讲好中国故事,传播中国价值,凝聚中国力量。同时,也时刻关注留学生正面典型事迹,传递正能量,以坚定的文化自信展示我国负责任的大国形象。

第三,以文化人,促进中华文化国际传播。中华优秀传统文化博大精深,积淀着中华民族的精神追求,为人类进步作出了卓越贡献,中国共产党是中华优秀传统文化的传承者和创新者,也是在中外文化相互参照中不断汲取世界文化、实现中华文化不断创新的先进文化力量的代表。习主席的回信为我们进一步做好留学生教育指明了方向。我们要继续结合中国共产党的百年历史，从文化角度和文明视野出发，使留学生的中国情结更牢固、更持久，为中华文化国际传播、共建人类命运共同体作出更大贡献。

第七章　中外融合篇

第一节　举办文化活动　促进人文交流

一、提要

学院与学校职能部门与其他学院合作共同组织学生活动，营造校园兼容并蓄的多元文化氛围，使留学生更好融入校园生活，在活动中学习中文、结识朋友、了解中国，学会包容、尊重多元文化。

二、活动主题

"Global Village 缤纷地球村"系列活动中，以留学生为主导展示本国的文化和传统；中外学生跨校区交流研习营和体验中，留学生体验中国少数民族文化和高铁文化；中外学生迎新年游园会，东西精华荟萃，有来有往文化搭台，学习相互尊重、相互借鉴和相互吸收。

三、目标

促进中外学生交流融合，构建国际化校园文化氛围，培养具有跨文化交际能力的国际化人才。

四、实施过程

1. "Global Village 缤纷地球村"系列活动

"Global Village 缤纷地球村"系列活动是同济大学以展示各国多元文化为核心的品牌活动，受到学校各学院和各国使领馆的重视，深受中外学生喜爱。自 2008 年以来，"Global Village 缤纷地球村"系列活动于每年五月举办，至今已举办 12 届。留学生以国家为单位参加布展，自主策划如何生动展示本国的美食、音乐、舞蹈或习俗。开幕式上，中外学生挥舞着本国的国旗，冲向舞台上的“世界地图”，象征着各国文化在同济汇聚，携手奔向美好的未来。“Global Village 在同济”展台上，中外学生向前来参观的师生展示自己的特色食品、服饰、文化习俗及歌舞，在游戏互动、校园巡游环节感受家乡温情。晚上，中外学生联欢大 Party 暨闭幕晚会在音乐广场进行，留学生向观众们展示自己编排的本国歌舞，校园十大歌手精彩献唱，虽然语言不通，但是艺术无国界，愉悦欢乐的歌舞总能带动现场气氛。中外学生联欢大 Party 是中外学生丰富课外生活、体会多元文化、了解世界精彩、纾解学习压力的重要平台。

2. 中外学生跨校区交流研习营

嘉定校区是同济大学的主要校区之一，位于上海市嘉定区国际汽车城内，校园宽敞完备。国际文化交流学院与经济管理学院共同组织中外学生跨校区交流研习营，参加嘉定校区举办的“我和我的祖国——献礼建党百年”第十一届民族风采嘉年华，参观上海市轨道交通结构耐久与系统安全重点实验室，促进两校区中外学生的人文交流。民族风采嘉年华中，来自不同民族的中国学生与留学生分享本民族文化知识，认汉字、玩游戏、吃美食、试穿中国各民族的服饰。在参观和交流中，中外学生找到许多文化互通之处。

在上海市轨道交通结构耐久与系统安全重点实验室，交通学院老师的讲解帮助留学生们了解轨道交通运输设施、场站及设备的内外部结构，学生们动手实验，成功配合完成列车接发和调度工作，留学生还争先当上了高铁驾驶员，仿真的京沪高铁驾驶场景让同学们叹为观止。

3. 中外学生迎新年游园会

中外学生迎新年游园会是学院每年为了迎接新年而举办的活动，“New 耶”“We are 伐木嘞(family)”“多元文化和谐共生”等主题的迎新年游园会旨在发挥留学生的主观能动性，发挥各自的才华和创意，并以班级为单位准备展位，展现各班风采。

写毛笔字是新年游园会的传统预热活动。在每年元旦即将到来之际，学院请书法协会老师教授留学生和中国学生写不同字体的“福”字，在“福”字这一过年传统中感受中华民族的生活观念及价值观，弘扬中国传统文化，促进中外学生交流。

在游园会的新年团拜环节，留学生代表为嘉宾送上各具特色的纪念品，表达对中国和同济大学的深爱与祝福；各国使领馆、学校领导、各职能部门的来宾也向学生回赠礼品表达新年祝福。

心愿墙上写满了留学生新一年的奋斗目标，对亲人师友们的新年祝福。中国非物质文化遗产与中国民间技艺项目在学院东厅展示，如剪纸、布艺画、串珠、剪影、肖像画、书法、茶道、灯谜、围棋、皮影、京剧脸谱绘制、捏面人、龙凤字传统艺术等每年都有不同的主题。同济大学学生会国际部的中国学生带来汉服展示、七巧板拼接、汉服发簪制作等项目，为留学生提供一个多方面接触中国传统文化的机会。学院西厅“我的祖国”摄影展作品都出自各大洲的留学生，他们拍摄的一张张照片，介绍本国的风土人情和自然风貌，表达对自己国家的热爱。

各班留学生在自己班级的展台中为中外学生展示了各种巧思，各班张灯结彩，甚至建造了灯火壁炉，将教室装饰出家的氛围。各国传统美食、现场歌曲弹唱、即兴舞蹈表演必不可少，各个花样的汉字小游戏、传声筒游戏、“心口不一”、“真心话大冒险”、击鼓传花、“狼人杀”等团建游戏层出不穷。每年还有新点子，如现场素描写生、包饺子、包汤圆、“同二代”朗诵诗词等特色节目。迎新年游园会采用寓教于乐的形式，将传统文化教育同迎新年活动相结合，在互动中加强中外学生融合，促进中外文化交流。

五、效果

在缤纷地球村活动中，我可以品尝很多国家的美食，非常有意思。我的国家没有海，在缤纷地球村的活动中，我看到很多大海的照片，我很希望去南美洲或者非洲看海，我愿意邀请我的同学们来尼泊尔，看看我们的寺庙和高山。

——苏波(尼泊尔)

我的国家很小，就在一个小岛上，上海比我的国家大，我来到中国这个大国家，看到那么多人，我觉得很惊讶。我没有想到，很多中国同学也对我的国家的服装和乐器很感兴趣，我们一起跳舞唱歌，我越来越喜欢我的国家，也越来越喜欢中国了。

——柯莱特(佛得角)

我第一次走进美丽的嘉定校区，校园非常安静。我在“我和我的祖国——献礼建党百年”第十一届民族风采嘉年华中，了解了中国少数民族文化，向中国同学介绍自己的国家。我发现我和中国的哈萨克族人有非常多相近的地方，我们的语言和文字都一样，服饰和信仰也类似，我觉得非常亲切，原来我和中国的关系那么近。

——雅库布(哈萨克斯坦)

我在嘉定校区参观了上海市轨道交通结构耐久与系统安全重点实验室，我居然可以模拟驾驶高铁！那么快而且那么安全的高铁原来是半自动的，只有遇到很紧急的情况或者大雪天气，高铁驾驶员才需要操作。我这次能够有机会变成一个高铁的驾驶员，我觉得非常难忘。

——特蕾莎(安哥拉)

我这次学会了一笔写出一个“福”字，中国汉字非常神奇。老师告诉我，“福”字代表着“幸福”“福气”，是写字人对美好生活的向往和对美好未来的祝愿。我希望新的一年中，我能在中国学习到更多的知识，和老师同学们一起进步。

——卫丝纳(柬埔寨)

六、案例分析

同济大学一直致力于多元化校园建设，提倡中外融合的留学生管理模式，培养具有全球视野和跨文化交流能力的中外学生。学院积极承担使命，与学校职能部门及其他学院积极合作，发挥留学生的国别优势，助力构建国际化的校园文化，促进中外学生融合。

留学生按国别分组参加缤纷地球村活动，展示自己国家的文化，对于提高留学生的文化自信具有重要作用。同时，中国学生不出校门便可体验外国文化和传统，与留学生近距离接触，开阔眼界，提高跨文化交际能力。中外学生在活动中了解多元文化，相互学习，建立感情，共同努力。

中外学生跨校区交流研习营中，留学生在与中国少数民族学生的互动交流中发现，虽然在文化、习惯、信仰等方面存在着差异，但他们尝试寻找共同感兴趣的话题，相互包容和体谅，提高了自己的跨文化交际能力。留学生通过参观民族风采嘉年华更加深刻地认识到中国文化的多样性和丰富性，更好地理解中国的少数民族政策。“中国高铁”是“中国速度”的名片，在嘉定校区的上海市轨道交通结构耐久与系统安全重点实验室中，实验室负责老师带领实验室的中国学生为留学生生动演示和讲解中国火车进站和出站的调度机制，是留学生非常感兴趣的科技体验。

中外学生融合的学生活动，作为第一课堂的补充，将中华优秀传统文化与世界各国文化有机结合，中外合璧，融会贯通；让更多的国际学生贴近中国传统文化，感受中华文化的博大与美好；为国际学生搭建了中外友谊之桥，提高他们讲好“中国故事”的能力，传播好中国声音，让“知华，友华，爱同济”的种子埋在每一位国际学生的心间。同时，中国学生在参加中外融合的学生活动过程中，能够扩大国际视野，提高跨文化传播能力。

第二节　走出校园交流　拓宽交友范围

一、提要

学院拓展与其他学校的交流合作,组织留学生与上海市的中学外语班或国际班的中国学生交流,为留学生提供结识更多中国同龄人的机会,引导留学生深入感知中国,同时分享同济大学的国际化特色,丰富其他学校的校园生活,达到"双赢"效果。

二、活动主题

组织留学生与上海市中学生及其他省市中国学生进行联谊和座谈。

三、目标

开拓校际合作渠道,扩大留学生交友范围,加强中外学生朋辈交流。

四、实施过程

1. 德国留学生与上海市曹杨二中德国留学预备班的中国学生进行交流

上海市曹杨二中是一所优秀的市重点高中,也是上海市教委公布的21所国际课程试点高中里唯一一所开设德语国际理工课程班的学校,学生高中毕业时,德语水平基本达到B1水平,可以上国内外大学。

曹杨二中德国留学预备班的中国学生与学院的德国留学生年龄接近,都有或者将有出国留学的经历,并且正在学习对方的语言,因此学院与曹杨二中策划并组织了"中德留学生交流会"。老师们将中德学生分为三个小组,通过"传话游戏"打破中德学生初见的紧张。每个小组成员都准备了一个关于中德教育、中德文化或留学经历的问题，在组长的协调下，组员纷纷发表自己的主观看法，相互补充，畅所欲言。学生们在交流之初还有些表达不畅，但是通过中、德、英三语转换，辅以肢体语言和书写绘画，交流气氛变得非常热烈。

2. 留学生与淮阴师范学院的中国学生进行交流

淮安位于江苏中北部，历史上与苏州、杭州、扬州并称运河沿岸的“四大都市”，有“中国运河之都”的美誉。

近 50 名汉语国际教育专业本科和硕士留学生乘车到达淮安，淮阴师范学院的汉语国际教育专业中国学生与留学生们一对一结对，全程陪同。中国学生首先带领留学生来到周恩来纪念馆，现场解说人员用标准的普通话向学生们讲周恩来总理的故事，奈何语速较快且夹杂着生活中不常用的中文词语，而淮阴师范学院的中国学生细心地向留学生们解释，为留学生们介绍中国这位伟大的总理。周恩来纪念馆中宽 100 厘米，高 140 厘米，用了近 1 700 种彩色绒线而绣制完成的《人民的好总理》周恩来绒绣像引得中外学生惊叹，十里长街送总理的视频将中外学生带回到全民哀痛的 1976 年 1 月，体会中国人民对周总理的爱戴之情。

第二站是中国漕运博物馆，博物馆以具象而有震撼力的方式，还原漕运文化灿烂辉煌的历史原貌，向中外学生呈现了一场多感官盛宴，中国古代的繁荣也让留学生赞叹不已，他们对中国古代民俗文化有了更为直观的了解。

淮安行的第三站便是西游记博物馆。《西游记》在全球广为传播，学习中文数年的留学生多少都有些背景知识，西游记作者吴承恩的故乡就在淮安。在中国学生的帮助下，留学生更加了解了吴承恩这位中国古代传奇作家和《西游记》的创作背景。

留学生与淮安师范学院的中国学生进行了汉语课堂教学实践切磋。泰国留学生黄可欣通过正反对比的教学方法，讲解“会”与“不会”的用法，并通过对话练习的方式巩固学生的记忆，良好的教态和流利的中文受到好评。泰国的孔诗琳和吉尔吉斯斯坦的林婕珍以“在 + 名词/代词/方向”为教学内容，通过生动形象的 PPT 帮助同学们高效地学习并理解知识点。淮阴师范学院的两名中国同学以“印象淮安”和“舌尖上的淮安”为主题，用鲜活的图片生动形象地展示中国文化。品尝小吃、发红包等小环节调动了课堂气氛，让人印象深刻。学院李萍副教授点评学生们的课堂教学，结合课堂实例详实地分析并肯定了学生们的教学方法，鼓励中外学生互相取长补短，共同进步。

最后，中外学生以“中外文化交流与融合”为主题举行联谊晚会。留学生表演了极富异域风情的印度舞、吉尔吉斯斯坦舞和泰国舞，来自吉尔吉斯斯坦的爱佳、瑞莎同学将《爱要坦荡荡》这首歌曲演绎得十分动人，展现了同济校园十大歌手的风采。晚会中还穿插着留学生介绍自己国家的互动环节，来自不同国家的七组留学生分别用中文一一介绍自己国家的风土人情，异国风光让在场的中国同学神往不已。

3. 留学生与井冈山汉语国际教育专业中国学生交流

学院与留学生办公室合作，举办了“探访古庐陵文化，感知新时代中国”系列活动，17 名留学生共赴井冈山大学，与 30 名汉语国际教育专业中国学生进行了友好交流。两位留学生代表介绍了自己的国家俄罗斯和德国，中外学生带来的才艺展示将各自文化中有代表性的一面生动形象地展示了出来，交流气氛热烈而融洽。中国学生分组教留学生写毛笔字，留学生写下“有朋自远方来，不亦乐乎”十个大字，中外学生将书法作品相互赠与留作纪念。

五、效果

在德国我听说过中国的高考，中国高中生学习压力很大。这次我和曹杨二中的高中生聊起高考，我没有想到，他们认为高考是非常公平和有用的。中国学生也问到了关于德国的“Fachhochschule”和“Universität”的区别，我和优丽娅把我们的学习经历告诉他们。这样的交流非常自由，我们可以通过提问获得最希望知道的信息。

——弗兰克(德国)

周总理是一位很艰苦朴素的中国领导，一直为中国人的幸福而努力奋斗，中国人都爱戴他，他是中国人民的好总理。我还品尝了淮安的美食，我最喜欢吃的是平桥豆腐，味道非常好！虽然在淮安的时间不长，但我感受到了淮安这个城市的美好——美丽的洪泽湖，秀丽的景色，感受到了淮安人民的热情和温柔。

——刘智善(泰国)

我在淮安有一个光荣的任务——用汉语讲一个语法点。我很紧张，一上讲台就把前几天的操练都忘了，连我自己都不知道怎么把语法点讲完的。从这次经历我有两个收获：第一，同济大学的“同舟共济”不只是美丽的格言，而是同济大学每个同学、教师的行为——因为我讲课时，得到了他们全力的支持和鼓励。第二，没有付出就没有收获。要当好老师，就要一直操练，越多越好，把脑子里的知识分享出来并不容易。这一次，我走出了第一步，前面的道路好长好长，可是现在我知道，我不是独自在走这条路，我身边还有同学们和老师们！

——刘婕珍(吉尔吉斯斯坦)

我以后的职业理想是做一名孔子学院的中文教师，去国外教授中文。我接待的留学生来自乌拉圭，她很热情，虽然有时候表达不清，但是非常愿意与我说中文，这是我没有想到的，因为在我学习英语三年之后我都不敢和外教说话。在我们参观漕运博物馆的时候，她问了我很多我回答不上来的问题，所以我常常很慌乱地拿出手机查资料，认识到自己知识面需要不断扩大。

——刘玲(中国)

我认识了两个来自德国的朋友，她们对于中国很好奇，问我：“你吃狗肉吗？”听到这个问题的时候觉得她们很没有礼貌，但是我发现她们就是想知道一个答案，因为德国媒体报道中国人吃狗肉的时候，在德国引起了很热烈的讨论。我耐心地告诉他们，这只是某些人的饮食习惯，就像很多人喜欢吃猪肉一样。不得不说，她们对中国是有刻板印象的，我希望我能向她们展示一个更加全面的中国。

——厉骁(中国)

六、案例分析

留学生是向世界传播中国故事的一个窗口，中国朋友也是留学生认识中国、学习中国语言和文化的重要窗口。随着中国综合实力的增强，越来越多的留学生来华学习，目前我国高校不断推动中外学生趋同化管理，实现中外学生同学同权，留学生与中国学生的平等对话代表着中国文化与世界文化的平等对话。

学院多次组织来自不同地区和年龄层次的中外学生进行交流，旨在带领留学生感知中国、中国学生扩大国际视野。年轻人代表着未来，中外同学之间的同辈交流代表着不同文化之间的沟通和碰撞。在交流中，留学生能够了解不同中国朋辈的经历，了解他们的成长过程和目前的生活学习现状，从多方面了解中国，了解中国的青年文化；同时，中国学生能够了解不同国家留学生的想法及中国的国际形象，在体验丰富多彩的各国文化的同时，学会尊重包容不同种族、国家的文化，逐渐养成多元文化意识，提升了自己的组织能力、表达交流能力和跨文化交际能力。

朋辈相互影响着彼此的知识面和思维方式，对一个人世界观、人生观、价值观的形成起到了重要的作用。学院组织一系列中外学生朋辈交流活动，是为中外学生搭建一个相互了解、沟通和交流的平台，从彼此身上学习不同的思维方式，取长补短，共同成长。

第三节　组建科研团队　研究"一带一路"

一、提要

依托同济大学教学改革研究与建设项目"'中外学生融合国际性校园建设'第二期——命运共同体国际视野中的中国'一带一路'倡议分析"和智库研究专项项目"周边国家与'一带一路'相关的舆情分析研究",组建一支由同济大学多家学院组成的研究队伍,整合不同学科力量,指导中外学生共同对"一带一路"的国情和舆情展开科学研究,理解和认识不同文化的共性和差异,培养知晓"一带一路"倡议的知华、友华留学生和能够讲好中国故事的中国学生。

二、活动主题

研究"一带一路"倡议实施相关国家的政治、经济、社会、教育及媒体舆论等方面的信息,形成国别报告。

三、目标

通过中外学生合作完成学术研究,对"一带一路"倡议提出可以实施的建议。

四、实施过程

2013 年 9 月和 10 月,习近平主席在出访中亚和东南亚国家期间,先后提出共建"丝绸之路经济带"和"21 世纪海上丝绸之路"的重大倡议,得到国际社会高度关注。"一带一路"的实施离不开沿线各国的和衷共济、相向而行,因此,"一带一路"沿线国家对于"一带一路"的态度、观点,对于这一倡议的实施十分重要。

2015年5月,同济大学启动教学改革研究与建设项目"'中外学生融合国际性校园建设'第二期——命运共同体国际视野中的中国'一带一路'倡议分析",56个国家的60多名留学生与57名中国学生参与了研究。中外学生采用"1+1"的合作方式,由该国别留学生与中国学生组成一个国别研究组,搜索获取本土材料,关注与"一带一路"倡议实施相关的政治、经济、社会、教育及媒体舆论等方面的信息,最终提出倡议实施的建议报告。在同济大学八大学院教练团的共同指导下,中外学生合作完成了51份国别研究报告。

学校支持学生研究成果的进一步深化,周边国家与"一带一路"相关的舆情分析研究的获得立项。第二批14个国别的研究中,外国语学院"跨文化训练营"的中国学生与"教育部来华留学品牌课程""当代中国"系列课程的留学生,共60人参与了研究。研究以5～7人团队的方式展开,重点研究团队中留学生来源国家的政府、媒体、学术界以及普通民众对中国"一带一路"倡议的观点与态度。

自2015年5月到2016年1月,同济大学60多个国家的留学生与中国学生共181人先后参与研究,合作完成了"一带一路"沿线65个国家的国情资讯与舆情分析,并形成具有代表性的论文。中外学生共同研究"一带一路"的成果被编辑成书《来华留学生视野中的"一带一路"倡议》。

五、效果

中国已成为国际事务中最重要的角色之一。作为学习商业的法国学生,我对国际关系很感兴趣,非常渴望去发现中国的发展愿景以及她与世界的外交、文化及经济交往。"一带一路"的研究帮助我了解到中国的全球化发展以及中欧关系的未来走向。

——麦凯(法国)

作为一名机械工程专业的学生,从未参与过有关舆情的研究,这恰恰训练了我这方面的能力。通过研究,我更加了解中国以及中国人的想法。对于我而言,最大收获是发现不同国家的人看待中国的不同。总之,将"一带一路"的舆情研究作为中国社会经济课程的要求,是一个明智的决定,这让我的未来从中获益匪浅。

——包德山(德国)

开展经济以及舆情方面的研究对于我来说,起初觉得十分新颖而具有挑战,但是在老师和团队成员的不懈支持下,最终还是圆满完成了研究任务。在研究中遇得到的困难,锻炼了我个人的批判性思维能力、分析问题能力以及处理数据的能力。

——李德恒(马来西亚)

非常荣幸能够参与此次"一带一路"倡议分析的活动中,与留学生搭档——来自匈牙利的政治与国际关系学院研究生丹尼的合作,更是锦上添花。作为中东欧三国、东南亚四国的小组长,在此次活动中,不仅仅让我对匈牙利这个美丽的国家有了深刻的了解,还结交了许多中国和外国的小伙伴。对原本完全不熟悉的课题进行如此全面而又细致的分析研究,更是增加了我的学术科研经验。这次活动为我即将结束的大学生活,带来了难忘的美好记忆!

——殷昊(中国)

我负责研究的国家是坦桑尼亚,在此之前我对这个国家几乎没有了解,也没有想过去了解。在来自坦桑尼亚的小伙伴的帮助下,我对坦桑尼亚有了一个很全面的认识,也让我对这个国家有了兴趣。在搜集资料和完成论文的过程中,我们遇到过困难,但在老师的建议和自己的努力下,最后成功完成了论文。这也为我大四的毕业论文提前做了一个很好的实践准备。

——赵路怡(中国)

六、案例分析

当今的世界越来越扁平化,不同文化背景的人与人之间的沟通交往越来越频繁,高校留学生来源国别的多样化、文化背景的多元化、学生类别的多层次化在一定程度上冲击着我们只专注中国学生、以教材和教师为中心的培养方式。目前,来华留学生教育仍然存在一些的问题，例如，来华留学生在学科与专业上分布不平衡，中国学生社区和留学生社区自成体系，存在着中外学生接触面有限的问题。中外学生均面临不同程度学习压力，交际圈相对固定，学生很难跳出自己的“舒适圈”，深入结识来自不同文化的朋友。中外学生之间的交往仍存在较为复杂的问题，因为语言不同而导致的交流面不广、交流深度不够的情况非常普遍，互动方式亟待多元化的引导。

近年来，同济大学不断推进“双一流”建设，勇于承担时代赋予高校的新使命，响应国家“一带一路”倡议，合理利用留学生和海外教师资源，促进人文交流，打造国际化的办学特色，营造中外融合的校园氛围和学术交流氛围。组建于 2015 年的中外学生科研团队成员来自 8 个学院，56 个国家，在指导教师的带领下，中外学生组建科研互助小组，合理分工，中国学生仔细解读并分析“一带一路”倡议重要的领导发言和官方文件，留学生们发挥语言和文化背景优势，以自己的文化背景为依托，多方收集自己国家和国际社会对“一带一路”倡议的评论文章，辩证思考中国和自己国家的关系。中外学生在广泛收集素材的过程中为对方提供力所能及的语言帮助，在共同进行科学研究的过程中从国际视角研究中国问题，深刻领悟中外文化的异同，将理论与实践相融合出版了《来华留学生视野中的“一带一路”倡议》，这就是中外学生融合教育的最好的成果。此次课题是促进中外学生合作完成科学研究的成功尝试，在此研究过程中，指导教师带领中外学生建立了较为统一的研究框架，锻炼了逻辑思维能力，为今后的学术研究奠定了重要的基础，同时，也为中外学生的未来科研道路指明了兼容并蓄、中外合作的科研方向。

第四节　发挥朋辈力量　助力学业帮扶

一、提要

除了跨文化适应和心理适应外，学业困境是来华留学生最大的压力源，留学生是否能顺利完成在华学业也是提高留学生培养质量的重要基础。借鉴中国学生管理中的"朋辈导师"教育模式，学院选拔中国学生作为留学生朋辈导师，发挥他们的学科优势和求学经验，通过多样化的学业帮扶，提高留学生的学习动力，帮助其养成高效的学习习惯，以便更快地适应中国大学的学习和生活。

二、活动主题

组织中国学生担任留学生朋辈导师，向留学生提供"助力成长"学业帮扶。

三、目标

加强中外学生朋辈互动，推进国际化校园建设，增加留学生的学习动力，提高中国学生的教学能力并拓宽国际化视野。

四、实施过程

1. 汉语角

在对预科生进行问卷调查中了解到，科技、经济、建筑和医学等成为近半数的预科生感兴趣的话题，三成预科生对中国历史和传统文化的兴趣。为了补充第一课堂学习，丰富第二课堂活动，学院为预科生策划并组织了每周一次的"汉语角"。学院在汉语国际教育专业的中国硕士生和外国语学院中国学生中选拔留学生朋辈导师，汉语国际教育专业的中国硕士掌握汉语教学理论，具有教学经验，了解留学生学习汉语中的偏误及原因；外国语学院的中国学生有过学习外语的切身体会，掌握基本的跨文化交际技巧。预科部专业教师对留学生朋辈导师进行培训，为其描述预科生在第一课堂遇到的学习瓶颈，帮助他们提前了解预科生的中文水平，明确留学生朋辈导师的学业帮扶目标，找到与预科生开展对话的合适方式，了解调动预科生练习中文的兴趣的有效方式。

疫情期间，线上课程减少了课堂互动，将师生和同学间的距离拉远，境外学习的预科生在本国无中文语言环境，课后应用中文的机会极少，对中国文化理解不充分。在线汉语角成了预科生练习汉语不可替代的平台。在指导教师的引导下，汉语角话题大多是综合预科生的建议所定，如“留学期间最开心的经历”“我最喜欢的职业”“我最喜欢的中文歌曲”等各抒己见的话题，帮助学院通过汉语角了解预科生的思想动态；同时，为鼓励预科生分享本国文化，以“我国家的特点”“我国家的网红现象”为话题，提高留学生的文化自信，促进各国文化交流；必要时指导教师也会加入时效性的话题，例如“期中考试复习中的困难”“怎样准备网上考试”等，讨论中引导预科生找到解决学习困难的方法，舒缓考试带来的压力。

为了加强“汉语角”的思想教育功能，会加入“中国抗疫故事”“抗疫期间的‘最美逆行者’”“中国共产党建党一百周年”等话题。留学生朋辈导师每周与预科生围绕特定话题进行分组讨论，每组十人左右。在讨论中，留学生朋辈导师平均分配发言机会，鼓励每名预科生多发言，耐心地纠正预科生的发音和用词，复习第一课堂的语法知识点。在“汉语角”中，预科生们表现积极，畅所欲言，中外学生互动不断。留学生发言时，组长在 Zoom 聊天室中记录表达有误的句子，学生发言结束后，组长带领留学生们展开讨论，共同修改语病。

学院对预科生问卷调查对汉语角的评价，问卷结果显示，90%的预科生认为“汉语角”的帮助非常大，其中 66.67%的预科生认为自己多了很多练习汉语的机会，43.21%的预科生认为自己更加了解中国，超九成预科生认为留学生朋辈导师非常好。

2. 作文写作辅导课

为帮助预科生冲刺中国政府奖学金预科结业考试，学院组建了由3名汉语国际教育专业的中国硕士生组成的写作课朋辈导师队伍。经过预科部专业教师的培训后，朋辈导师队伍为汉语基础薄弱的18名预科生提供每周一次的作文写作辅导。朋辈导师预科结业考试的写作真题作为作业提前三天布置，预科生按照作文题目中给出的图片和中文词汇写一篇100字左右的作文。朋辈导师批改作文后在课堂中逐一讲评每篇作文，尤其注重语法的正确性和行文逻辑的通顺性。作文写作辅导课组规模小，方便朋辈导师与预科生进行详细讨论，分析了解预科生的不足，提供针对性的指导。经辅导前后对比，明显看到预科生在中文语法、用词和行文逻辑上的明显进步。

3. 数学答疑辅导

为帮助预科生巩固数学基础，学院聘任3名数学学院同济大学助学成才服务对象担任“国际朋辈导师”，根据预科部提供的教学大纲，分组指导每周一次的数学答疑辅导。数学老师向国际朋辈导师介绍了学困生数学学习的问题所在，并分析是否是学习动力明显不足，或是学习习惯不好，或是基础薄弱。国际朋辈导师根据老师的分析对预科生展开针对性的线上答疑辅导。国际朋辈导师注重预科生的反馈，通过问答的方式，督促数学重点帮扶对象完成数学作业，在纠错过程中带领其巩固数学基础知识。

为期一个月的数学答疑辅导结束后，学院对26名预科生组织了数学考试，在与期末同等难度的数学考试中，76%的预科生在分数上有了明显的进步，其中24%的学生由期末的不及格进步为及格。

五、效果

因为疫情，我只能在我的国家上汉语课，我在课上说话也比较紧张。汉语角的中国同学说话很亲切，同学们想到什么都可以说，我可以把我的想法告诉同学们，同学们也愿意听。每周日我都参加汉语角，我非常放松。

——杰奎琳(巴拿马)

我很努力地学习中文，但是考试成绩一直不好，我非常难过。我参加每周日的写作辅导课，中国同学很耐心地把我的文章翻译成了英文，让我明白我的问题在哪里，她说："这不是语言的问题，是逻辑的问题。"

——高卡尼(赞比亚)

现在我们使用手机做作业，我常常开始玩手机游戏，花了很多时间。数学答疑辅导的老师知道我的问题后，他理解我，说数学题目就像是电脑游戏一样，只要找到打游戏的技巧，就能够通过游戏。我希望未来我能够爱上数学。

——菲奥蕾拉(厄瓜多尔)

我觉得留学生的思维方式和我们中国人有些不同，这很可能是语言逻辑和生活逻辑不同导致的。我是一名汉语国际教育专业硕士生，未来我将面临来自不同国家的留学生，为他们解释汉语，这次能够成为写作课的老师，我非常感谢学院给我的实践平台，我希望以后能够在实践中更好地进步，提高自己的教学能力。

——牛晓超(中国)

我很少有接触留学生的机会，当我的辅导员问我是否愿意帮助留学生学习数学时，我很快就答应了。我很高兴能够和留学生们这样交流，他们中很多人非常聪明，只是没有建立良好的学习习惯，学习压力越大，他们越害怕学习，我的到来其实不是为了帮助他们学习一道题，而是希望带领他们了解数学这门学科的魅力。

——刘子涵(中国)

六、案例分析

留学生远离故乡来华求学，面临着语言障碍、交际困难、文化差异等问题，这些问题直接影响着留学生的心理健康状况和心理发展水平。根据多年的观察经验，留学生的学业问题直接反映出留学生是否适应中国教育体制，是否足够了解中国文化，同时也从侧面反映出留学生心理状态或者生活状态，学院格外重视学业困难学生的帮扶工作，并不断探索将学业帮扶工作与思想教育工作密切结合。

学院聘任中国学生为“留学生朋辈导师”，为留学生提供课下的学习帮助。留学生朋辈导师全部是同济大学的学生，对留学生的学习压力能够产生共鸣，在课余爱好上有共同的话题，甚至在求学道路上他们曾经也有迷茫和煎熬，但是他们克服了这些困难后出色完成了学业，学院聘任“留学生朋辈导师”，更希望借助朋辈导师的力量，准确诊断学业困难留学生的问题所在，提高学习的积极性和战胜学业困难的信心。

在朋辈导师的支持下，留学生在汉语角中使用中文表达自己的想法，学习中国人在日常生活中使用的俗语和网络用语，增强汉语运用能力。根据学院设置的不同主题，朋辈导师认真准备小游戏和互动话题，不断探索新的活动形式和课堂节奏，并且根据预科生的反馈改进组织方式，寻找与预科生对话的用词和语法技巧优化教育方法，提高中文教学能力。

朋辈导师通过留学生的表达了解留学生的思想动态，能够帮助老师及时发现留学生的认知偏误和兴趣所在，在沟通中为留学生带来精神支持和鼓励。朋辈导师作为学院老师的小助手，向老师们提供教学和管理方面的建议，帮助老师们设计更加受留学生欢迎、更加适合留学生线上参加的学生活动。

留学生朋辈导师对预科生进行有针对性的学业帮扶，有助于中外学生进行深入的交流，帮助留学生解决心中的疑惑，适应中国的教育体制，了解中国的文化，朋辈导师在沟通中也提高了全球公民意识和跨文化沟通能力。

第八章　志愿服务篇

第一节　服务学科活动　促进文化共生

一、提要

在教育国际化的发展趋势下，全国各高校积极组织国际学术会议和专业竞赛，为相关领域的青年学者提供学术交流、思想碰撞的国际化平台，促进专业发展和学术进步。留学生作为志愿者参与国际学术会议和专业竞赛，提高留学生对学科前沿学术成果的了解，激发科研创新活力，培养留学生的国际化视野，也给留学生展示自己国家形象的机会，提升留学生的文化自信。

二、活动主题

充分发挥自己的多语种语言才能和母国文化背景的优势，助力国际化学术会议、比赛和文化活动。

三、目标

国际化学术会议、大赛和文化活动为留学生提供实践平台，培养留学生志愿者服务的能力，拓展学术视野，在服务过程中运用多语能力、专业背景和文化背景，提高文化自信。

四、实施过程

1. 第五届大学生国际学术研讨会暨同济大学首届大学生(多语种)国际学术论坛

一年一度的大学生国际学术研讨会是“全国科技周”活动的一个重要组成部分，旨在培养中国大学生用英语学习并应用专业知识的能力，增强他们在学科领域内的国际交流能力和国际竞争力，特别是提高他们的科研能力和创新能力。2019年举办的第五届大学生国际学术研讨会主题为“可持续发展和创新：人类、环境、经济与技术发展”，主会场设在同济大学。同济大学结合优势学科及智能科学与技术高峰学科建设，以多语种展现大学生的学术外语素养，将主会场论坛主题设为“人工智能”，首次尝试以英语为主，以德、法、意、西班牙语等多种外语为辅，第一次将主会场的论坛做成多语模式。

同济大学国际文化交流学院作为大会共同承办单位之一，深度参与大会的筹备与组织工作。学院有针对性地选拔来自德国（德语）、津巴布韦（法语）、塞拉利昂（法语）、澳大利亚（英语）、美国（英语）、意大利（意大利语）、赤道几内亚（西班牙语）等国家的18名留学生志愿者参与大会服务工作。第五届大学生国际学术研讨会共收到来自全国约180所高校的近7 000名大学生提交的稿件，18名留学生志愿者利用语言优势为大赛做好充分前期准备，并积极参与宣传视频的录制工作。

第五届大学生国际学术研讨会的开幕式由德国留学生斯坦主持，斯坦在老师的指导下多次演练，充分展示了同济大学留学生的风采。研讨会期间，留学生志愿者为到场的国外评委担任秘书，全程陪同，提高了评委的工作效率。大多数留学生志愿者在学习中文之后将进入医科、工科、理科攻读学位，本次研讨会为他们创造提前学习中国科技前沿成果的机会。茶歇环节，志愿者们还与中国学生就研讨会上的论题进行交流探讨，为后续的学习做准备。

2. 第三届江浙沪汉硕教学技能大赛暨汉硕培养创新模式学术研讨会

第三届江浙沪汉硕教学技能大赛(2017)由同济大学国际文化交流学院承办，为了更好地传播此次汉语教学大赛，提升研究生教学技能，促进汉语国际教育学科建设和人才培养，建立全球语言地球村实现全球无障碍交流，大赛采用了最新的直播技术进行全球直播。学院招募8名来自吉尔吉斯斯坦、苏丹、泰国、乌克兰的汉语国际教育专业研究生担任志愿者，分担赛前宣传和准备工作。

本次大赛共有复旦大学、南京大学、华东师范大学、浙江大学、上海师范大学、东南大学、扬州大学等15所院校推荐的28名选手参加角逐，大赛当天志愿者提前到场，引导指导教师和参赛选手入场，本次大赛的有序进行离不开志愿者的细心工作。次日，学院组织了汉硕培养创新模式学术研讨会，各校汉硕一线教师针对“汉硕培养模式的现状与创新”“汉硕课程设置与学生未来发展”“语言教育与文化传播的关系”三大议题展开热烈讨论。参与此次学术研讨会的教师从学生需求、学校需求、国家需求、世界需求四个层面出发，秉持中华文化自信的师资培养机制，基于江浙沪高校汉语国际教育师资的培养经验，运用现代网络技术，共同探索具有世界实践可行性的人才培养理论和模式。大赛和研讨会期间，志愿者观摩了现场汉语教学，丰富实践经验，更为重要的是业内优秀老师对汉语国际教育模式的理解和创新，给这些汉硕专业的留学生志愿者更明晰的学业指导，帮助他们更好地规划在华学习。

3. 尼日利亚、贝宁和喀麦隆铜雕艺术同济大学特展

南非著名侨领赵宝培先生收集和珍藏2 000多件非洲大陆28个国家的各类雕刻作品。为向国人介绍非洲的文化，赵宝培先生精选50余件铜雕艺术品，在上海市华侨事业发展基金会的支持下，在同济大学博物馆举办“2019尼日利亚、贝宁和喀麦隆铜雕艺术同济大学特展”。每年有百余名非洲留学生在同济大学国际文化交流学院学习，得知同济大学博物馆将举办非洲铜雕展的消息后，非洲学生表现出了极大的参与热情。学院综合评估来自贝宁、尼日利亚和喀麦隆及其邻国的十余名留学生的中文水平，从其中选出6名学生担任铜雕展开幕式的志愿者。

西非纳米比亚的留学生哈洛米主动为开幕式表演出谋划策，她自己编舞，带领来自贝宁和尼日利亚的5名留学生练习一个多月，最终在铜雕展开幕式上呈现了极具感染力的非洲舞蹈*African Girls*。随后贝宁和赞比亚的三名留学生带来了非洲手鼓表演*Faivi*，节奏感和冲击力极强，迅速营造了热烈欢腾的气氛。表演结束后，留学生向观众简单讲述了非洲手鼓的历史和作用，“非洲手鼓源自曼丁文化，曼丁族人在生活和劳作中敲打身边的器具来表达自己愉悦的情绪，人们也会通过鼓点来传递信息，不用出门就知道屋外发生了什么”。在开幕式的最后，伴着非洲手鼓的节

奏，志愿者们一起合唱《我们在上海》，致敬开启他们来华求学第一站的上海。

铜雕大都采用失蜡法铸造，装饰在宫殿的立柱和横梁上，有的展示至高无上的王权，有的是记录贝宁宫廷生活和典礼仪式，具有鲜明特色和欣赏价值，精细展示古代尼日利亚贝宁喀麦隆传统铜雕作品的艺术传承和魅力，是了解古代非洲的重要依据。开幕式结束后，志愿者们跟随博物馆馆长带领近百名观众参观铜雕作品，中国观众也主动与志愿者们谈到中国的青铜器。“中国青铜器与非洲铜雕是否功能类似？两者有何异同？”围绕着博物馆馆长的问题，志愿者和中国观众开展了小范围的讨论，气氛热烈。通过非洲学生的讲解，每一件静默的精美艺术品都穿越时空，讲述出背后鲜为人知的故事。

4. “爱无国界”为云南山区贫困儿童寄语

为了让留学生更加了解对中国国情，尤其是中国偏远地区的现状，同济大学国际文化交流学院与上海中智教育培训中心共同举办了“爱无国界”为云南山区贫困儿童寄语的公益活动。通过视频和图片，来自16个发展中国家的留学生了解到中国云南省楚雄彝族自治州大姚县和姚安县艰苦的基础教育情况，他们将自己对山区学子的祝福和鼓励一笔一画写在明信片上，非常认真。与大姚、姚安孩子短暂的远程交流，让留学生们感慨万千，他们纷纷拍照片准备跟家人分享，鼓励自己和在家乡上学困难的家人们。他们表示珍惜来华学习机会和学习资源，与中国一起，为人类社会的共同发展做出贡献。

五、效果

论坛中我见到了自己国家的专家和教授，和他们一起说日语，我觉得特别亲切。我学习到很多知识，这些知识是我在课堂中学不到的，对我的论文很有帮助。我希望自己能够不断学习，毕业之后作为学者再来同济大学参加这样的论坛，把我的研究成果分享给其他学生。

——鬼丸英和（日本）

我一直觉得志愿者服务是了解社会的一个重要途径。我的老师告诉我,我可以做第五届大学生国际学术研讨会暨同济大学首届大学生(多语种)国际学术论坛的志愿者,因为我的母语是法语,我对这次研讨会有帮助,而且这次研讨会将是一次非常好的学习机会。中国学生的报告很有趣,很清晰,我没有想到学习理科的中国大学生居然会说法语。茶歇时,一个中国大学生主动与我说话,他用了两年时间自学了法语,希望有一天出国读博。他很关心我在中国能不能听懂中国人说话,有没有什么困难,他邀请我去西安了解他的大学——西安交通大学。我非常高兴能遇到这个活泼的年轻人。

——帕斯卡(津巴布韦)

研讨会开阔了我的眼界,我本科将要学习计算机专业,"人工智能"与"计算机"的相关度很高。中国同学的英语和学术都很厉害,我非常佩服。我也要更努力地学习汉语,同时为学习计算机专业做准备。

——钟丽玲(澳大利亚)

博物馆馆长说,这次博物馆展出的铜雕是有一位南非的华裔实业家多年买下来的个人收藏,因为他希望更多人了解非洲文化,帮助非洲保存自己文化,所以他将自己的收藏展出。我很谢谢他。他保存了我们的文化,让我能够在中国看到我的国家的铜雕,我觉得很自豪。为了向观众们介绍非洲铜雕,我查了很多材料,有些话我不知道怎么用中文说,所以我提前查了字典,希望中国人能听懂我说的话。我在中国学习了两年,我很想念尼日利亚,那里与上海完全不同。我很高兴那么多中国人对我的国家的铜雕感兴趣,我非常愿意向大家介绍我的国家,尤其是尼日利亚历史。

——戚亚玛(尼日利亚)

通过视频,我了解中国除了北京上海这样的大都市以外,还有许多偏远的地区,那里的孩子们的学习和生活条件还很艰苦,他们要走很远很远的路才能去学校,除了一支铅笔以外没有其他的文具。我能够坐在宽敞明亮的教室上课,觉得比他们幸福很多。我感谢中国政府给我提供的学习机会和奖学金,我会好好学习。通过"爱无国界”的活动，我能够表达我对他们的关心，我觉得这次活动非常有意义。

——文龙（尼泊尔）

六、案例分析

国际学术会议是我国向世界展现中国立场、中国智慧和中国价值的重要平台，在华就读的留学生是中外人文科技交流的窗口和桥梁。

留学生作为志愿者深度参与学校的学术会议和文化活动，是留学生了解中国文化的多样性和包容性、主动融入大学校园、走进中国社会的重要途径。借助留学生的语言能力和文化背景为国际学术会议营造文化多元的氛围，提高会议的国际性。留学生参与到国际会议中，学习站在不同的角度思考学术问题，在中外朋辈交流过程中，扩大彼此的知识面和视野。留学生向他人介绍自己的国家文化，学会欣赏他国文化，在文化差异中寻找共性，在平等包容共享中建立自己的文化自信。在这样的氛围下，他们能够通过自己的亲身经历，形成自己的中国故事，然后主动地去讲述中国故事，传播中国的声音。

留学生参与国际学术会议是一次拓展自身专业学术能力的好机会，他们可以借此机会了解本领域或者相近领域的学术前沿和行业动态，更好地认识到自己的不足和优势，提高科研思考能力，对自己有一个较为公正客观的评价。留学生可以借助国际学术会议的平台，结识更多思维活跃、科研能力强、志趣相投的中国朋友，开拓科研思路，丰富和发展自己的研究选题，优化自己的学术能力。

学院借助国际学术会议，在实践中育人，留学生担任国际学术会议的志愿者是一次有意义的锻炼。为了较好地完成会议志愿者的工作，留学生需要非常细心、耐心，同时具有极高的责任心。在不断与参会嘉宾沟通的过程中，留学生提高了自身的沟通能力，树立正确的职业发展观。这些实践可以引导留学生树立服务社会、奉献社会的意识。

第二节　践行社区服务　回馈奉献社会

一、提要

组织留学生深入社区，开展多种志愿服务活动。参加上海马拉松紧急医疗救助志愿服务活动，为医疗救助提供多语种的翻译工作；参加世界红十字日“博爱申城、博爱杨浦”活动和公益献血；参与学雷锋志愿服务活动，向社区居民介绍自己的国家并为社区居民提供旅游咨询服务等。留学生通过社区志愿服务，培养社会责任感，感受自身价值，用实际行动回馈社会，服务社会。

二、活动主题

留学生作为志愿者参与社区活动，为社区提供力所能及的服务，与社区深度融合。

三、目标

组织留学生参与社区实践基地和社会组织的志愿服务，引导留学生运用自己的语言优势和文化背景，丰富社区文化氛围，同时也增强文明素养和社会责任意识。

四、实施过程

1. 上海国际马拉松赛志愿者

上海国际马拉松赛（后文简称为“上马”）是由上海多区政府和体育工作负责部门共同承办的的国际性马拉松赛事，该赛事不仅吸引了中国选手，每年也有几千名外籍人士参与，因为外籍选手来自不同国家和行业，中文水平各异，医疗救助工作难度较大。为了更好地保障外籍选手们的安全，同济大学国际文化交流学院选派意大利、泰国、波兰、越南、孟加拉国、沙特阿拉伯、也门、德国、美国9个国家的留学生志愿者作为翻译协助紧急医疗救助志愿服务。特别是那些医科预科生，他们在同济大学国际文化交流学院学习中文后将进入医学本科专业，此次紧急医疗救助活动也正是对留学生的一次专业培训。出行前，医学汉语教师根据留学生的水平制作了适合本次医疗救助活动的单词表并且进行培训，为留学生的翻译工作做准备。

赛前，组委会为留学生志愿者分配具体的工作任务，向留学生介绍了往年事例，强化留学生志愿者的安全意识和责任意识，专业救助人员做了简单包扎和基础救助的演示。实践过程中，留学生发现目前所学的中文远不够做完整的专业翻译，他们将压力转化为动力，活动前一直加强单词学习和背诵。

上海国际马拉松赛共有来自86个国家和地区的3.8万名跑者参赛，本次比赛共招募了3 800名志愿者，9名留学生志愿者只是志愿者海洋中一朵小小的浪花，但是每一名志愿者都坚守在自己的岗位，勤勤恳恳工作，圆满完成了医疗救助多语种的翻译工作。“上马”承载着上海的城市形象、城市精神和城市影响力，“上马”迸发出的活力、热情和正能量感染着上海市民，参与“上马”服务的留学生志愿者，在服务中国社会的同时，都能通过“上马”感受到上海这座城市的温度。

2. 世界红十字日中的志愿者

为弘扬红十字精神，传播积极向上的文化内涵，上海市红十字会、杨浦区人民政府在世界红十字日共同主办的“博爱申城，你我同行”活动。学院在班会上对此次活动进行了深入宣传，班主任老师向留学生介绍红十字精神和世界红十字日。19世纪中叶欧洲发端的红十字运动，现在已发展成为历史最悠久、规模最大、影响范围最广、认同程度最高的世界性人道运动，红十字文化的核心在于“人道、博爱、奉献”，红十字会精神和中国文化精神内涵一脉相承，都是以人文本，仁爱向善，红十字精神得到中国社会各界的广泛认可。

在滨江的“红十字会”宣传活动中，同济大学国际文化交流学院15名参加“博爱申城，你我同行”活动留学生志愿者身着红十字会会服，与来自杨浦区各街镇、医疗卫生、社会组织等各条战线的红十字志愿者队伍一起,在装焊广场的江边集结,伴随着腰鼓队的热烈鼓点,留学生志愿者们开始了"博爱申城滨江行"。本次健步走路线沿着滨江步道,直达东方渔人码头江岸广场。在江岸广场怡和1915旧址处,平凉路街道表演队伴随着阵阵铿锵有力的码头号子声开始表演《码头号子》,为观众展现了当年杨浦滨江码头的劳作图景。当天下午,同济大学国际文化交流学院9名志愿者主动参加义务献血,市民们纷纷为他们的奉献和博爱精神点赞。留学生志愿者作为国际友人代表,用健康行走的方式宣传博爱情怀,宣扬跨越国界为全人类提供人道主义的红十字精神。

3. 不忘初心志愿行——四平街道"3·5"学雷锋主题志愿服务活动

学院受邀参加四平街道"不忘初心志愿行——3·5学雷锋主题志愿服务活动",招募了来自韩国、乌克兰、埃及、俄罗斯、吉尔吉斯斯坦和老挝的8名汉语熟练的留学生担任志愿者。活动前两周,带队老师通过雷锋"童年经历""钉子精神""帮助失学儿童"三个故事为志愿者们介绍了雷锋,深入浅出地阐述雷锋精神的核心是为人民服务。在姚老师的指导下,留学生纷纷提出自己对此次志愿服务活动的想法,8名志愿者达成一致,向社区居民介绍自己的国家,为想去自己国家履行的居民提供咨询服务。活动当天,志愿者们带着早早准备好的宣传册、海报和有本国特色的明信片,提前进入活动现场布置展台,活动开始后,前来参与的社区居民人数众多,除了想要了解国外旅游攻略的居民外,还有居民咨询如何安排自己的儿女出国留学。前来咨询的居民年龄跨度极大,不同年龄段的居民感兴趣的话题不同,咨询的过程中志愿者们也遇到沟通困难,便向会说上海话的姚老师求助。在此过程中,留学生们虽然紧张,但也有成就感,他们更加深刻体会到了提高跨文化交际能力的重要性。

留学生志愿者在为市民服务之余,也参观和体验了中国志愿者的展台。互帮互助、温馨融洽的社区气氛让留学生感受良多,这对留学生来说是一个宝贵的经历。

五、效果

作为一名医学预科生,我一直梦想着在中国学习之后回国成为一名好医生,我希望帮助更多同胞重新过上健康的生活。我在上海国际马拉松比赛的救助站中担任翻译,因为我的母语是法语,而且我会说英语,帮助救助站的医生了解伤者的情况和感受。我遇到一名低血糖而眩晕的英国女士,我为她提供了及时的帮助,我觉得自己是个有用的人。

——酷乐(刚果布)

是我在翻译中也发现,我的汉语词汇量不够,不能很好地用中文完整表达这两名伤者所有的话,但是能帮助他们我觉得非常有意义。爸爸告诉我,你在帮助别人之前,你需要先锻炼自己的能力。我应该继续好好学习中文,因为只有我学会更多知识,我才能更好地帮助别人。

——莫赛德(也门)

正是有中国政府奖学金的帮助,我才有机会来到中国继续学习,非常感谢中国政府。在学校,班主任老师、宿舍老师和食堂老师们很照顾我,我感谢他们对我的帮助。在“红十字”会活动中,我发现我也可以帮助别人,帮助那些正在做手术需要血的人。我不知道帮助的人究竟是谁,但是我感到很自豪,我希望能够有更多的机会,让我把自己在中国收到的爱传递给中国人。

——江莉莉(泰国)

在社区志愿服务中,我获得了很多与中国人交流的机会。看到很多中国人对我的语言和国家文化那么感兴趣,我觉得非常自豪。我本来敢说汉语,因为担心犯错,但是我在和社区居民交流的过程中,中国人热心地帮助我,他们很有耐心地听我说话,从来不无缘无故打断我,并且关心我在中国的生活情况。通过与社区居民的接触,我觉得自己距离中国社会越来越近了。

——王买娣(吉尔吉斯斯坦)

在我的国家,人很少,社区居民也少,我来到中国之后明白了“大家庭”的意义,通过做了“洋雷锋”,我感受到服务别人的快乐,他们的一句“谢谢”对我来说,就是最好的回馈。虽然我们来自不同的国家,但是,人和人的距离其实很近。

——波林娜(俄罗斯)

六、案例分析

在全球一线城市的上海，留学生发挥自己的语言和文化优势参加社区活动，既是留学生融入并服务中国社区的有效途径，又能够帮助中国社区居民开拓视野，了解国外文化。

医学预科生作为志愿者担任上海国际马拉松比赛医疗救助队的外语翻译，是一次绝佳锻炼和实习的机会。在志愿者服务中，他们运用自己的语言优势帮助医护救援队更加准确地了解伤者的病情，及时为伤者提供必要的救助，工作内容非常有意义。将汉语知识和医学类的专业知识运用到实践中，有助于医学预科生加深对未来学习和职业发展的了解。不少预科生在服务过程也意识到中文学习仍需要尽快提升，对学生们的学习起到正向激励作用。

留学生作为志愿者在世界红十字日参与"博爱申城滨江行"，向上海市民宣传"人道、博爱、奉献"的红十字精神，学习"以人文本，仁爱向善"的道德精神，是对留学生开展德育的有效方式。宣传活动后有留学生主动加入无偿献血的行列，在异乡为陌生的人们献血，以行动回馈社会，这正是红十字会宣扬的"爱无国界"精神的最好诠释。

习近平总书记指出，"雷锋精神是永恒的，是社会主义核心价值观的生动体现"。雷锋精神超越并穿越历史、国家与民族及阶层，其核心就是为人民服务，包含着人类生生不息的价值追求和终极关怀。留学生参与社区的志愿者服务，感受到社区居民和谐有爱、互帮互助的文化氛围，增加留学生对中国社区的了解和归属感，也更能理解雷锋精神的大众性，即每一个人都能做到为他人服务，弘扬雷锋精神所需要的不仅仅是很强的个人能力，还要有精神的富足和充盈。

留学生作为自己国家的代言人，通过参与志愿服务让更多的中国人了解他们的祖国，展现他们祖国的精神风貌，搭建展示民族自信的舞台，更完美地体现中华文化的包容。留学生在社区自愿者活动中培养责任感和全球公民意识，深深地打上"中国培养"的烙印。

第三节　加入山区支教　亲历教育扶贫

一、提要

自2013年来,结合云南省大理州云龙县需求,同济大学充分发挥自身优势精准施策,推动当地经济社会跨越发展,全面助力云龙县打赢脱贫攻坚战。教育精准扶贫是阻断贫困代际传递、变“输血”式扶贫为“造血”式扶贫的核心举措。同济大学多年在云龙县团结中学开展支教服务,持续接力,补齐当地师资短板,2018年留学生志愿者加入云龙县团结中学支教活动,帮助当地学生开拓国际视野,尝试新的学习方法,推进当地教育教学质量的提升。

二、活动主题

发挥文化特色语言优势,助力乡村振兴文化扶贫。

三、目标

给留学生创造深度了解中国传统乡土文化和乡村振兴国家战略的机会,推动其成为中外友好交流的使者;为当地学生带来新的学习方法,打开国际视野,感受不一样的世界。

四、实施过程

来自俄罗斯的波林娜和来自乌克兰的萨莎在接到同济大学留学生办公室发的志愿者报名信息后马上填写了报名表,两名留学生顺利经过学校的选拔,赴云龙县团结中学支教活动两周。

当地老师介绍说，团结学校是一所小学、初中、高中一贯制学校，师资短缺，一个老师需要教不同年级的几批学生。绝大多数学生是留守少年，很多孩子家庭贫困，缺乏自信，对远来的年轻老师很好奇，但是不知道怎么表达，有些孩子学习兴趣欠佳，他们还认识不到知识的力量。因为有些学生住在山另一边的村庄，距离太远，所以学校为学生提供宿舍，十个学生住在一个十几平米的宿舍里，没有书桌和衣柜，只有五张上下铺的板床。

结合两名支教团成员的特长和意愿，云龙中学校长为她们制定了工作计划。萨莎和波林娜负责文化课、英文课、美术课、音乐课，为全校学生开展跨文化交际公开课及二语习得经验分享会。通过教师及学生访谈了解学生的兴趣和现有的知识水平，两名志愿者每天一起备课设计教案，准备讲课资料。

英语课中，志愿者注重锻炼学生的英文表达能力，课堂上尽可能关注每一名同学，鼓励他们积极参与教学的每个过程。在互动环节，保护学生的自信心，通过正向激励提高学生的英文学习兴趣。文化课中，志愿者向学生们讲述国外的小故事，通过中外文化比较的方式加强学生对中外文化的理解，认识到多国文化学习对职业发展和人格塑造的重要性。

跨文化交际公开课上，两名志愿者分别向学生介绍自己国家的传统节日、习俗、服装、艺术等，然后简单介绍了自己曾经去过的国家，如美国、英国、法国、日本、斯里兰卡、印度等，并请学生介绍自己民族传统的习俗、艺术、舞蹈，加强学生的课堂参与感。二语习得经验分享会上，志愿者分享自己学习英语和中文的方法，不断鼓励学生好好学习英文，重要的是学习思维和文化。

除此之外，志愿者一起参与同济大学——团结中学“梦想教室”的建设工作，特别关注留守儿童的心理健康教育。比如，每次学生要完成创意的任务之前，志愿者都予以鼓励，告诉学生每个人都有不同的思想、性格及能力，因此面对同样的任务，有不同的想法，要懂得倾听和理解，树立学习生活的信心，培养积极向上的心态。

五、效果

我在这次志愿者服务中收获非常大。真正站上讲台实践硕士期间学到的专业知识，提高汉语国际教育专业技能，根据学生的反馈适当地调整自己的教学方法，美中不足的是，支教时间太短了，我希望以后可以参加时间更长的志愿服务，那将对我提高教学能力有更大的帮助。这次志愿服务过程中，我认识了很多害羞但是善良的中国孩子，他们会在我不知道怎么打开教室投影仪的时候，主动帮助我，教学楼里见到我对我低头微笑或者打招呼，和我手牵手一起唱歌跳舞，下课后带我去最近的超市买生活用品……离开团结中学，我最舍不得的就是学生们，短短两周我们才刚刚认识就要分开了。这次志愿服务中，我有机会跟不同年级的学生分享俄罗斯的文化知识，让我体会到我是一个对社会有用的人。我的知识可以帮助团结中学的学生，我觉得很自豪。

——萨莎(乌克兰)

中国的扶贫是长期规划而且系统全面的一项政策，消除社会贫困有助于社会稳定发展，对人类社会也具有极大的意义，其他的国家应该效仿中国的做法。我能够尽自己的力量为中国的教育扶贫和智力扶贫事业做点事情，对我来说，特别有意义。我非常感谢同济大学，团结中学和云龙县团结彝族乡人民政府给予我这么好的机会，让我接触到中国彝族和白族少数民族的灿烂文化。我第一次来到中国的山区，我从山区的学生们身上学到了很多生活技能，让我体会了最简单的生活，我也更加珍惜自己在上海同济大学的便利生活。我知道了，中国除了上海这样的大城市之外还有这么多贫困的地区。我非常感谢中国政府和同济大学为我提供了一切机会和良好的教育条件，为我的个人发展创造了这么好的条件，我想尽全力回报中国和中国人民。孩子是每个国家的未来，我一直想为中国的未来做出贡献——帮助中国的孩子参加同济大学国际学生志愿者支教项目，完成我的专业教育实践之后，我终于实现了自己的梦想。

——波林娜(俄罗斯)

我第一次见到外国人，她们跟我长得不一样，我觉得她们非常好看，尤其是她们穿上我们彝族的服装。我不知道怎么和她们说话，她们就主动来找我聊天，她们问我住在哪里，家里有几人，我觉得她们非常亲切，我很感谢她们主动和我说话，我很喜欢她们。

——赵洪秋(中国)

我没有想到外国人汉语说得这么好，除了英文课，我们都用中文交流，她们刚来学校的时候不知道哪里有超市，我和同学们带着她们去买生活用品，向她们介绍这里的饭菜是什么口味，这里的天气是什么样子的。班主任老师告诉我们，这两位外国老师她们只在学校里待两周，她们很快就会离开，但我希望我和同学们能够好好表现，让她们觉得我们这里的人都很好，这两周的回忆很美好。

——钱晓燕(中国)

奶奶把我带大，我平时没有机会跟爸爸妈妈一起住，因为他们在很远的城市中工作，我想，我要好好上完高中，以后做一名护士帮助别人。这次，老师告诉我，她希望我们能够去她的国家玩，我虽然知道，这件事情很难，但是我开始想，我不仅要上完高中，我应该继续读书，然后去更远的地方看看不同的城市，甚至国家，我会好好学习，带着奶奶一起去乌克兰旅游。

——周燕(中国)

六、案例分析

习近平总书记强调，“扶贫先扶志”，贫困地区完全可能依靠自身的努力、政策、长处、优势在特定领域“先飞”，以弥补贫困带来的劣势。汉语国际教育专业硕士留学生参与云南省大理州云龙县的支教活动，深入当地学生群体切实参与教学各个环节，在课堂中向未曾离开过大山的孩子们讲解世界风情，分享自己在学习中遇到的来自不同文化的碰撞，为当地学生介绍一个更加宽阔精彩的世界，为当地学生打开一扇看世界的窗。志愿者通过寓教于乐的教学方式，激发当地学生走出去看世界的兴趣,培养其自我表达和辩证思维的能力。

留学生志愿者凭借自身的才艺技能,补充当地教育的短板,助力当地素质教育的发展。留学生在当地设计组织了系列学生活动,丰富当地学生的课余生活,为当地学生带来新的学习内容,介绍新的学习方法,这些对当地学生在学业上的可持续发展将带来深远影响。

贫困是全世界面临的共同挑战,贫困往往伴随着饥饿、疾病和社会冲突,中国人口众多,地大物博,各地贫困情况不同,贫困治理难度极大。中国共产党自十八大以来组织实施了一系列的脱贫攻坚战,注重智力扶贫和教育扶贫,提高青年劳动力的质量,是长远性、根本性的战略举措。留学生此次深入中国贫困地区,增加留学生对中国贫困地区现状的了解和体会,有助于留学生全面认识中国,更加生动地讲好中国扶贫故事。在支教过程中,当地学生的学习和生活环境对留学生产生了极大的触动,留学生获得中国政府提供的奖学金来华留学,看着中国贫困地区的青少年学习面临的生活困难,留学生更加深刻地意识到自己获得的奖学金是如此宝贵,将更加珍惜来华留学的机会,合理利用学习时间,学成后用实际行动回馈中国社会。

第四节　处理突发事件　引导友情互助

一、提要

留学生在华期间突遇重大疾病时，学院教师带学生就医，也第一时间招募同国家或者同母语的同学陪伴，以应对留学生在危机事件中沟通和陪护的困难，同伴的陪伴对留学生突发事件处理起到非常重要的作用。2020 年年全球疫情爆发后，多数留学生离境后无法返回中国，在校留学生组建帮帮团，为不在校的留学生行李打包并邮寄回国。

二、活动主题

引导留学生之间加强互助，调动朋辈力量，共同克服困难。

三、目标

弘扬助人为乐的精神，引导留学生形成友爱互助的气氛，增加团队意识和奉献精神。

四、实施过程

1. 土库曼斯坦留学生重症转危为安

土库曼斯坦某留学生咳嗽一周，咯血、呕血伴随呼吸困难，后在同伴的陪同下到新华医院看急诊，医生对学生进行了身体检查后以多脏器功能衰竭的诊断迅速转入 ICU 急救。学生孤身在华求学，家在万里之外，本着全力救治原则，学院老师与医院商定治疗方案和紧急预案，代家属签署病危通知单。在学院组织下，同济大学土库曼斯坦组成了亲属团，排班日夜守护在 ICU 病房外，有医学生担任翻译，与学生家人沟通，联络家人来华陪护。6 000 多毫升中国人的鲜血、三次专家会诊、四个不眠不休的昼夜值守，医院、学院、同胞还有及时伸出援助之手的保险公司、中国驻土库曼斯坦使馆、航空公司多方通力合作，当学生的亲人辗转伊斯坦布尔、北京，终于风尘仆仆赶到医院的时候，学生状况已基本稳定。如果说是中国老师和中国医生的职业素养和真心关爱把生命的希望赠予这个因与中国结缘的 19 岁女生，那么无论坐在 ICU 病房外长椅上带着书本陪护的同胞，还是一夜间筹集了数万元医疗费用的同胞，或者贴心安排好病友家人来沪生活的同胞，都在用最质朴的真情在异国他乡书写着“同舟共济”。这是一场超越宗教信仰、民族国别的差异的时间争夺赛，全力以赴、通力合作才最终战胜了死神。

2. 新冠肺炎疫情期间冈比亚留学生在华完成心脏手术

疫情期间冈，冈比亚留学生被瑞金医院诊断为心脏主动脉窄，需要进行心脏动脉扩张手术。同胞先后陪患病学生去瑞金医院 3 次，进行 CT 检查、尿检、超声检查、胸主动脉 CT 和心脏超声检查，与老师一同与主治医生见面，了解手术过程和恢复情况，向患病学生的家长转述医生的诊断结果和治疗过程，征求了父母对学生在华进行心脏外科手术的同意授权。期间老师们和志愿者们都做了核酸检测，通过后方能进入医院，手术当天老师、同胞们自行来到瑞金医院陪伴患病学生，心脏外科手术顺利结束后，患病学生留在心脏外科 ICU 病房，两天后转入普通病房，同胞们排班每日白天前来陪护，直至患病学生出院。

3. 新冠疫情期间在校留学生为海外预科生打包寄送行李

受全球疫情的影响，寒假后留学生不能入境返校，学校和学院招募志愿者成立了“行李打包帮帮团”，帮助毕业生打包邮寄行李。境外留学生可以联系志愿者，提出打包行李的请求，双方约定好打包行李的时间，向负责老师递交委托人和志愿者共同签字的委托书，负责老师备案后，将委托书发给留学生宿舍管理员，管理员为志愿者打开委托人的宿舍门后，委托人可与志愿者通过视频通话全程了解行李打包过程，确定要打包和要丢弃的物品，并支付快递费用。

在打包过程中，常遇到对方网络信号不佳，出现视频通话中断、语音表述不清等问题，志愿者们更需要耐心，并且不断想办法。获得同济大学优秀留学生志愿者奖的游艾卡说，他首先通过微信视频或留言方式了解对方的需求，如现场如果不能通过视频通话沟通打包物件的话，就通过微信发图片，请境外留学生在图片中圈出需要哪些物品。开始时，一名志愿者一天只能整理一名同学的行李，随着经验的积累，一名志愿者一天10～15小时的时间内可以整理四名同学的行李，志愿者团队总计为两百余名境外留学生打包行李并快递寄出。

五、效果

我感谢同济大学的老师和我的同胞们，你们的无私付出和奉献，让我坚信了我要做一名医生的愿望，我希望，我能够把你们给我的爱传递下去。

——患病学生（土库曼斯坦）

我深知，我自己一个人的力量非常渺小，但是只要我能做到，我愿意付出时间和体力去帮助别人。有些人他们只关心自己的事情，然而我不是这样的人。虽然我不认识那些找我帮忙的境外留学生，但是我愿意帮助他们，因为他们需要我，而我又做得到，看到别人因为我的帮助而不再焦虑难过，我很有成就感。我的老师夸奖我，我很感谢他们，我知道我是对的。

——雅库布（土库曼斯坦）

我在给境外留学生打包行李的时候发现了很多的问题，每个同学有自己的需求，而我没有办法满足所有人的需求，我看到了很多同学的善良和自私，我也曾经怀疑过，我这样辛苦，是为了什么，但是我坚持下来了。当我获得学校给我颁发的"同济大学优秀留学生志愿者——抗疫特别贡献"时，我几乎哭出来，我知道，我是最棒的。

——游艾卡（叙利亚）

人在外，要靠朋友。在我离开中国的时候，因为太匆忙，我落下了一条丈夫送我的非常重要的手链，但是我想，我很快就回到中国了。没想到在苏丹期间，听说在中国发生了新冠疫情，我没有办法回到中国，所以我很着急。我在同济大学的同学迪克莎帮助了我，她进入我的宿舍拿到了手链并且寄给我，我想给她一些钱表达我的感谢，但是她拒绝了，我感觉特别温暖。谢谢志愿者们！你们特别伟大，在那么热的天气里，为在校外的学生打包寄送行李，我知道你们非常辛苦 A friend in need is a friend indeed.

——季微丽（苏丹）

疫情期间，我因为身体不舒服所以常常要去医院，我请我的同胞帮忙，他很快就答应陪我一起去。在手术之前，我的老师和同学们在我身边，我觉得非常开心，他们在我最需要的时候帮助了我，并且不断鼓励我，支持我，我永远也忘不了这两个月发生的事情。他们是最棒的！

——患病学生（冈比亚）

六、案例分析

送人玫瑰，手有余香，助人为乐是中国人民的传统美德。每个人都会遇到困难，会陷入失落和焦虑的情绪中，身边人的安慰、鼓励和帮助能够带来希望。同时助人者能在奉献中促成自我认可，在付出中实现自我价值。

学院在日常教学和管理中，引导留学生正确认识到要通过奉献和付出，在帮助他人、温暖他人的过程中逐渐养成助人为乐的社会道德观。在同胞遇到困难时，学院鼓励留学生挺身而出，主动担任志愿者，发挥自身的力量做些力所能及的事情，协助学院的老师们处理突发事件，例如在同胞生病时，做同胞的翻译，和老师一起与医生沟通，轮班陪护生病的同学，与陪护家长沟通联系，帮助家长了解孩子的病情等等。学院对表现突出的留学生志愿者提出表扬，并向全体留学生宣传榜样事迹，让留学生明白助人为乐是一种高尚的道德品质，能够收获真诚的友谊，助人者在能在此过程中体会到快乐和成就感。

学校和学院的老师以身作则，做出表率，以学生为本，在学生遇到困难的第一时间伸出援手，不计较个人得失，牺牲假期和晚上的休息时间，主动关心学生情况，照顾患病学生，为学生提供强有力的精神支持，在学生遇到解决不了的困难时，提出指导建议。教师的言传身教对留学生助人精神的培养起到了重要的作用。

学院和学校建立志愿者队伍，形成合理的管理机制，让志愿者有归属感和认同感，志愿者团队成员相互分担，共同讨论解决问题，不会出现“能者多劳”，使得助人者压力过大，失去长期助人的动力。同时，志愿者团队在一次次的志愿服务中不断提高影响力，形成“滚雪球”效应，引越来越多的留学生加入进来。被帮助的学生也可以在志愿者团队中将自己接受到的帮助和爱传递下去，形成积极健康的学院风尚。

第九章　育人成果篇

第一节　资助育人品牌　提升培养质量

一、提要

同济大学设立“同济大学校长奖学金”“同济大学优秀国际学生志愿者奖”“同济大学优秀来华国际学生奖学金”，旨在激励留学生勤奋学习、努力进取，希望留学生学好专业知识，报效祖国家乡；读懂中国文化，感受中国发展；担当文化交流使者，搭建友谊桥梁。

二、活动主题

同济大学来华留学生资助育人品牌。

三、目标

“同济大学校长奖学金”“同济大学优秀国际学生志愿者奖”“同济大学优秀来华国际学生奖学金”是为了奖励我校来华留学生中品学兼优者，通过奖学金评比活动，推动留学生群体形成浓郁的学风和积极的学习态度，同时促进留学生校园文化建设，提升我校留学生培养质量。

四、实施过程

1. 同济大学校长奖学金

同济大学校长奖学金设立于 2005 年 5 月 26 日，奖励对象为学业优秀的学历留学生。校长奖学金设特等奖、一等奖、二等奖、三等奖四级，获奖人数不超过在校留学生总数的 35%，其中，特等奖：10 000 元，1 名(从一等奖候选人中选择)；一等奖：4 000 元/人，获奖人数不超过在校留学生总数的 5%；二等奖：2 000 元/人，获奖人数不超过在校留学生总数的 10%；三等奖：1 000 元/人，获奖人数不超过在校留学生总数的20%。该奖学金的评审方式为本科生每学年评一次，研究生在学位课程结束时评一次，由留学生办公室、专业院系、本科生院、研究生院、财务处共同组成评审委员会，根据条件确定获奖名单，报主管校长批准。每年校领导在留学生新年晚会上向获奖的留学生颁发"同济大学校长奖学金"证书和奖金。

2. 同济大学优秀国际学生志愿者奖

同济大学优秀国际学生志愿者奖的参评对象为全日制二年级及以上年级本科生与研究生(硕、博)，评定标准为本学年参与、组织学校重大志愿者活动，表现突出；积极参加各类社会实践活动(包括暑期社会实践、短学期实习等实践环节)，成绩较突出；在社团建设中发挥突出作用、在社会工作中成绩突出；积极参加各类文化、艺术、体育活动，且在校级及以上文化、艺术、体育比赛或作品征集活动中取得较好成绩；积极参加校园文化活动，有好的创意、策划并被学校学院采纳，效果较好。

同济大学优秀国际学生志愿者每学年评选一次，符合参评条件的学生可向同济大学留学生办公室提出申请，留学生办公室将根据《同济大学优秀国际学生志愿者评选及实施细则》的有关规定实施评审。该奖学金设立获奖名额若干，奖励金额3 000元/人。

3. 同济大学优秀来华国际学生奖学金

根据教育部下发的《关于推荐"优秀来华国际学生奖学金"人选的通知》文件的精神，同济大学设立"优秀来华留学生学金"，用于激励来华留学生勤奋学习、努力进取，提升来华留学整体水平，申请条件参照文件要求。

五、效果

我为什么选择来中国开展绿色能源方面的研究

同济大学2015级化学专业博士德国学生明泽龙

2018年中国政府优秀来华国际学生奖学金

第三届"留动中国"全国总决赛暨2018年来华留学系列活动颁奖仪式上的发言

我叫Steffen Czioska，中文名叫明泽龙。我来自德国，是同济大学化学科学与工程学院的一名博士研究生。今天，很荣幸能作为2018年中国政府优秀来华国际学生奖学金获奖者代表发言。

我本科和硕士就读于德国 Friedrich-Alexander University Erlangen-Nürnberg。2014年硕士期间，我获得了去华中科技大学交流的机会。结束后，我还有机会去同济大学继续我的研究课题。就这样，我毫不犹豫地坐火车从武汉来到了上海。真的好快，一晃我在上海呆了快5年啦。

当我来到同济大学后，我的导师在生活和学习上，给予了我很大的支持和帮助。同学们在科研上的努力常常让我印象深刻，同济大学比德国大学还更加先进的实验设备常常让我叹为观止。导师的悉心指导，与同学们的同舟共济，让我在同济大学继续我的博士研究生涯。

在同济大学攻读博士学位期间，我选择了电化学水分解作为我的研究领域。实话说，电化学水分解对我来说也是一个完全陌生的研究领域。这项技术不仅可以增加可再生能源的生产，还可以为贫穷国家提供更多数不胜数的好处。虽然有人可能会问，你为什么选择来环境治理并不是最好的中国开展绿色能源方面的研究？我的答案是，来到中国之后，虽然我发现中国并不是所有方面都是完美的，但中国政府非常有勇气承认自身的不足而且愿意花大力气去解决这些问题。我知道，这些年来中国政府高度重视环境治理，提出了建设美丽中国的宏伟蓝图，"绿水青山，就是金山银山"，在治理环境污染方面已经取得了一定成效。

这次有机会来参加"感知中国 · 首都行"活动，我们走进了人民大会堂，参观了中国核电工程有限公司、航空航天博物馆和中国农业科学院，让我们全方位地感受了中国政治、经济、科技和农业的深刻变化和巨大成就。5年过去了，我还想跟你们分享一下，我已经发表了3篇SCI学术论文，也算是学有所成了。

我将要博士毕业了，我真的有太多的舍不得！我希望我自己还能够继续成为中德文化交流的桥梁，让更多德国人了解真实的中国。

最后，让我代表在座的中国政府优秀来华国际学生奖学金获得者，感谢中国政府、国家留学基金委、我的学校、老师、家人，以及学习上给予我们无私帮助的同学和朋友们！

祝大家开开心心度过在中国的每一天！

我的中国故事

同济大学2016级汉语国际教育硕士、苏丹学生黑龙

同济大学2017年校长奖学金二等奖

2017年同济大学国际文化交流学院开学典礼上的发言

我是2016级汉语国际教育硕士研究生黑龙。

我很荣幸能够有机会代表我们学院16级全体留学生同学发言，请允许我跟大家分享我在同济两年的回忆，大冬天从宿舍到学院，跑两公里对我来说无比痛苦，每天同学们都考虑到我的宗教信仰陪我在穆斯林食堂吃饭，深深感到友情深意，记得每次大家都等着姚伟嘉老师通知，在小群里讨论谁先回复，一个从来没做过ppt的人，交的时候还挺忐忑……

在同济学大学了解同舟共济的意义，了解学无止境、活到老学到老的意义，跟叶澜老师一起品茶欣赏中国养生生活，从胡方芳老师的课上学会了汉语教学技巧，跟许涓老师学了汉语教育的历史和发展，跟李萍老师一起见证了各国的汉语教学课堂案例，跟叶丽芳老师一起分析不同教材并且如何利用好教材，跟姚伟嘉老师学习教育技术还和教学技能……颠覆了我对汉语课堂的想法。课堂可以活泼有趣，学生同样学得很多，跟刘丹东老师学书法，从握笔到写字真是磨练意志的过程；跟刘根洪老师练八段锦更是能考验体力；跟夏雪飞老师学会如何管理课堂，给同班同学上课有种奇妙的成就感；跟刘运同老师享受了同济浓郁的学术氛围；而卞舒舒老师的测试与评估课，每次命题会想起参考各种考试的我，他鼓励我出难题，有种复仇的感觉……哈哈哈哈！上跨文化课不仅了解到中国文化，也了解到其他国家的文化。

教师在课堂上组织教学会利用一切资料，毕业典礼也不例外，我想以更直观的方式带大家一起感受，我和同学在一起的美好的回忆，请大家一起欣赏下面的视频。回顾两年间经历的点点滴滴，我们不说再见，我们说有缘再见，希望下回遇到更好的你们，祝同济大学蒸蒸日上。最后，我代表研究生，衷心祝愿在场所有的人，祝老师们身体健康，祝愿同济的明天更辉煌！

微笑面对那些挑战

同济大学2015级柬埔寨籍汉语言专业本科生陈光利

同济大学2017年优秀国际学生志愿者奖

2017年同济大学国际文化交流学院开学典礼上的发言

我叫陈光利，来自柬埔寨，是2015级本科班的学生。很荣幸能够站在这里，作为老生代表致辞。时间如白驹过隙，转眼间我已被称为老生，两年的大学生活渐行渐远。这两年来，我过得充实，走得踏实，感谢同济大学为我们提供优秀的老师，感谢学院为我们营造了浓厚的学习气氛，感谢各位老师的精心教导。

回想走过的这两年，从拉着行李走出机场，来到同济大学大门，这仿佛是刚刚过去的昨天。那时候我和你们一样，满怀着对大学生活的期盼，对这个城市的好奇。当然新的开始可能会有些不适应，会忐忑，也会迷茫，但是更多的会是新的希望和新的梦想。这段时间大家不禁会思考：大学生活会是怎么样？毕业之后会是怎么样？其实，这些疑惑和迷茫，是每个新生都将会面对的问题，但是，这些必定会伴随着你的成长而消失。

坐在这里的诸位新生，你们每个人都是通过自己的努力，拿到了奖学金，从自己的国家飞到上海，在异国他乡读书，你们每个人都很棒，很特别。但是我们也不能因为这件事而感到心满意足，因为我们可以做得更好，做得更多。你们接下来将会面对更大更多的挑战，所以你们要做好准备，微笑的面对那些挑战。

除此之外从现在开始，我们要生活在一个非常国际化的校园，我们会交到更多来自不同国家的朋友，然后每个朋友将会收到平等的对待。面对不同的人，不同的文化，我们会学到更多的知识。

六、案例分析

第一，表彰优秀学子，树立学习典型。春季学期末，同济大学在一·二九礼堂举办留学生颁奖典礼。时任同济大学常务副校长伍江教授为“同济大学校长奖学金”“同济大学优秀留学生志愿者”获得者颁发荣誉证书。伍校长期望留学生在新时代全球化进程和世界发展趋势中认识到自己的责任，为自己国家的发展，为与中国和自己国家的交流合作，为构建人类命运共同体的美好未来贡献力量。他还鼓励留学生充分利用在华学习机会，更加深入地了解同济，广交好友，走出校门，看看更加全面的中国，体验丰富多彩的文化。

第二，激励奋发图强，促使继续深造。中国各级政府设立奖学金的目的是为资助世界各国学生到中国大学进行学习和研究，增进中国学生与世界各国学生的相互理解和友谊。中国大学还设立各类奖学金激发留学生学习热情。黑龙同学从同济大学汉语国际教育硕士研究生毕业后，赴清华大学攻读国际关系博士学位。陈光利同学从同济大学汉语言（汉语国际教育方向）本科毕业后，进入同济大学政治与国际关系学院攻读国际关系硕士学位。

第三，学好专业知识，报效祖国家乡。在国家留学基金管理委员会组织了第三届“感知中国——首都行”活动中，云集了北京、上海等 15 个省市的约 200 名荣获优秀来华国际学生奖学金的留学生代表。活动内容主要有访问全国人大和全国政协，参观企业、科研机构和国家重点实验室，参加第三届“留动中国”总决赛暨来华留学系列活动颁奖仪式等。时任教育部副部长田学军在“来华留学生系列活动颁奖仪式”上的讲话指出，中国政府奖学金来华留学生“感知中国”社会实践和文化体验活动紧扣“一带一路”倡议、中国企业走出去和乡村振兴战略等时代主题，以沉浸式体验为抓手，扩大了学生参与面，丰富了学生的参与感受。他希望留学生们“学好专业知识，报效祖国家乡；读懂中国文化，感受中国发展；担当交流使者，搭建友谊桥梁”。田部长还亲自为来自 15 个省市的优秀来华留学生奖学金学生代表颁发了获奖证书，同济大学德国留学生明泽龙代表全体优秀来华留学生奖学金获得者发表获奖感言，留学生们还集体观看了第三届“留动中国”全国总决赛。

第二节　举办演讲比赛　遴选学习榜样

一、提要

汉语演讲比赛是留学生展示汉语能力的舞台，为了鼓励留学生关注中国发展的新动态、新形势，了解中国政治的新思想、新精神，国际文化交流学院承办或参与各类留学生汉语演讲比赛，指导留学生从中国社会发展的宏观角度，或从自身来华生活学习的微观角度，以留学生的视角展现留学生眼中不一样的中国，表达他们对中国的关注与热爱，探索同济大学留学生培养工作新模式。

二、活动主题

汉语演讲比赛。

三、目标

鼓励留学生主动关注中国的社会、时政、经济、文化等现状，促进其对当代中国的了解并对中国现状做出准确判断。通过演讲者的讲述和展示，寻找留学生身边的“中国通”，树立留学生学习汉语及中国文化的榜样，进一步升华留学生知华、友华、爱华的情感，向世界传播中国文化与中国价值。

四、实施过程

1. 留学生的“同济情缘”

同济大学首届留学生“同济情缘”汉语故事大赛由校留学生办公室主办、国际文化交流学院承办，面向全校在读留学生，旨在为来自世界各国的留学生提供一个展示中文能力的舞台，讲述他们留学同济的故事，促进中外学生之间的交流与理解，为同济大学110周年华诞献礼。

本次大赛分为预赛和决赛两个环节，经过精心筹备，预赛阶段各学院留学生踊跃参与，经过专家评审，最终有来自建筑与城市规划学院、土木学院、经济与管理学院、国际文化交流学院的12名选手入围决赛，角逐大奖。决赛中选手们从自己自身独特的体验出发，讲述自己的同济故事，畅谈留学生活的所见、所闻、所思、所感，情到深处，令人动容。

2. “我的中国故事”留学生汉语言文化大赛

为深入学习贯彻党的十九大精神，创造性地发掘、凝聚、传播世界话语体系中的“中国故事”，同济大学面向全校留学生发起了“我的中国故事”留学生汉语言文化大赛。活动由同济大学党委学生工作部、党委研究生工作部主办，由上海国际知识产权学院、国际文化交流学院、外国语学院联合承办。

大赛吸引了全校范围内来自20多个国家的40余名留学生的积极参与，他们中间不乏汉语水平卓越、对中国文化有着多年的热爱和持续深入了解的“中国通”。2017年12月29日，经过层层遴选，最终共有十名选手成功晋级决赛。本次比赛分为两个部分：汉语语言能力表达及中国国情知识比拼。

第一轮为演讲比赛，参赛选手依次围绕“文化传承”“命运共同体”“中国智慧”“一带一路”“中国制造”“儒家文化”“共享经济”“砥砺奋进”“汉字文化”“魅力中国”等关键词进行演讲。留学生们分享自己在中国的趣事，表达对中国文化的浓厚兴趣和对中国发展的赞叹，现场的中外同学、老师都感受到他们对中国的深切感情。他们真挚而富有激情的演讲，引得现场观众连连叫好、赞叹不已。

第二轮为中国国情和同济大学校情知识比拼，题目设置涵盖中国文化常识、诗词、同济校史等方面，兼有知识性和趣味性。整个答题过程激烈、有序，选手们的精彩答题，赢得现场学生的阵阵喝彩。

3. 留学生朗诵比赛

汉语国际教育硕士专业的留学生黄可欣、孔安平(泰国籍)参加国家留学基金管理委员会主办、华南理工大学国际教育学院承办的“一带一路·助我圆梦”留学生朗诵比赛,与来自复旦大学、浙江大学、哈尔滨工业大学、天津大学等其他14所知名高校的50多名学生同台竞技,最终凭借扎实的汉语功底,稳定的临场发挥夺得二等奖。预科生王亚美参加国家留学基金委主办、华南理工大学国际教育学院承办的2018“收获·中国”第七届留学生朗诵比赛,以原创作品《我的中国故事》参赛,朗诵中节奏与情感把握到位,将个人经历与中孟友谊抒发得恰到好处,荣获三等奖。

五、效果

我的中国故事

陈光利

同济大学2015级柬埔寨籍汉语言专业本科生

同济大学2017年留学生汉语文化语言大赛一等奖

我叫陈光利,来自柬埔寨,是国际文化交流学院2015级本科班的学生,我的专业是汉语言,国际教育方向。我来同济大学已经两年多了,这里仿佛是我的第二个家,在这里是我人生中最美好的一段生活、最美好的时光之一。在这里我学到很多东西,我最为感兴趣的是中国历史、中国人的奋斗精神。作为一名留学生,从我的角度出发,我认为留学生到中国学习应该学习中国历史。而为了更深入地了解当今中国,首先要对中国近代和现代史略知一二。我是一名喜欢中国历史的留学生,因语言的障碍,使我对中国历史仍知之甚少。可这并没有打消我对中国历史的兴趣。

当我读起那些中国历史书,听老师讲中国历史的故事时,我的心情都会跟随着那些内容感到喜悦或悲伤。从古代开始,中国合而又分,分而又合,当中国走到巅峰时期，都会有嫉妒者来侵略。而中国一再地起来反抗，一再地起来奋力建立更好的国家，每摔倒一次，中国都会崛起到一个新的高度。

我印象最深的一段历史是从鸦片战争开始的。八国联军入侵、火烧圆明园，签订很多不平等条约、中国失去大片国土，还有日寇侵华、南京大屠杀，这段历史使我的心情非常低落，无比心寒。柬埔寨也曾经历过被侵略、被屠杀的悲痛历史，而我的祖先就在当中被屠杀，因此我能体会到中国人的心情。可从1949年10月1日开始，到改革开放和现在新时代的中国，到未来的中国和中国梦，都是使我感到欢喜的时段。中国到底是怎么做到的呢？这让我想起了一个故事。

在深邃的海洋里生活着很多鱼，每种鱼都有鳔，因为鱼鳔产生的浮力，使鱼在静止状态时，自由控制身体处在某一水层，而且鱼鳔也掌握着鱼的生死存亡。然而分外神奇的是，有一种鱼却天生就没有鳔！可早在恐龙出现前的三亿年时，那种鱼就已经生存在地球上了，至今已超过四亿年，它在近一亿年来几乎没有改变。它就是被誉为“海洋霸主”的鲨鱼！然而究竟是什么让鲨鱼没有了鳔，却在水中仍然活得游刃有余呢？那是因为鲨鱼没有长鳔，它只能依靠肌肉的运动，永不停息地在水中游动，但只要它一旦停下来，身子就会下沉。为了能生存下去，鲨鱼需要不停地奋力游动，最终鲨鱼炼就一身非凡的战斗力。

这个世界就好像深邃的海洋，而刚从战火兴起来的新中国仿佛奋力游动的鲨鱼。50年前的人真的难以想象现在的中国，中国不停地为世界创造奇迹。

我在中国的这两年里，亲眼看到中国在奋力地向上发展，中国人仍然保留着愚公移山的精神，无论遇到什么困难，中国人仍不失去恒心，因为中国人想“不忘初心，方得始终”。而且我认为习近平总书记在全国代表大会提出的“中国梦”和“新时代的中国”指导思想，肯定会成功！因为中国政府除了牢记使命和有一个很好的团队以外，还有中国的14亿百姓一直为伟大的“中国梦”和“新时代的中国”一起砥砺奋斗，就仿佛鲨鱼的奋斗一样。我认为中华民族伟大复兴的日子，离现在不远了，而且已经渐渐的实现了。

我的中国故事

王亚美

同济大学2017级孟加拉国籍预科生

2018"收获·中国"第七届留学生朗诵比赛三等奖

大家好,我叫王亚美,来自孟加拉国,我现在同济大学读预科。我特别喜欢中国,中国的文化博大精深,历史悠久。同时,我也很喜欢汉语,因为我认为用汉语说话能够既简洁又清楚地表达出我想说的话。今天我要跟大家分享一下一个孟加拉姑娘的中国故事。

我爸爸是个商人,他在中国做生意,在我出生之前他就在中国了。从小我就知道有一个对我来说既神秘又熟悉的国家,叫中国。她之所以神秘是因为我身边的人都不太了解它,熟悉是因为爸爸一直说很多关于她的故事给我听。我一直都不理解为什么爸爸那么喜欢中国,直到我第一次来中国。我还清楚地记得每一个细节,因为我太震撼了。当时我来到了广州,我发现她和我的国家不一样。中国很发达,虽然我当时因为太小不是很懂,可是我看什么都觉得新鲜。马路很宽,不会堵车,不会特别吵闹,每个地方都特别有秩序,还很安全。我觉得住在中国让我很舒服。

我第一次到中国来是为了给妈妈治病。在我的国家被诊断为不能完全治好的病,在中医面前只是需要每天喝用奇奇怪怪的草叶熬的汤就可以治好的。这让我对中国更加喜爱,也让我更加好奇,他们到底是怎么做到的呢?为什么我的国家跟中国不一样?回国后我就开始注意关于中国的新闻,开始学习中文。我在孔子课堂学的中文,中文为我开启了另外一扇新世界的大门,每一个字背后的故事及含义让我深深为之着迷。当有了中文基础以后,我开始读一些著作和有关文化的书籍。不知不觉中我对中国的了解甚至超过了父亲,可是我还是觉得远远不够,越学越觉得汉语深奥到可能我学一辈子也学不完。读了论语以后,我开始明白中国人的思想和观念是怎么来的。论语里我最喜欢的一句话是"知之为知之,不知为不知,是知也"。这句话教会我要坦诚地面对自己的无知,这样你才能学会更多。谦虚是中国的传统美德，在学习中国传统的同时这些特质也影响了我。

有第一次就会有第二次，后来我来了很多次中国。每次来中国，她都能给我惊喜，我看着她的改变，看着她一点一点地的变得更好。2017年9月份我获得中国政府奖学金来中国上大学，这次给我的惊喜更大了。共享单车、手机支付、网购、高铁被誉为中国新四大发明，这些我想都想不出的东西他们已经实现了。出门不用担心没带钱包，短距离的目的地不用麻烦打的，不用担心没时间买自己需要的东西，出远门也不一定非得坐飞机，而且还有更多的发明。中国啊，你到底还要给我多少惊喜？

中国改革开放已有40年了，我也算是见证了中国这一段时间的成长。她成长的速度，我相信不止让我惊叹，而是让世界惊叹！现在孟加拉跟中国的关系也因为“一带一路”政策变得越发得好，很多中国商人都去孟加拉投资，孟加拉的商人们也更愿意来中国寻找商机。我相信中国会越变越好，中孟关系也会越变越好。也希望我能够为中孟友谊贡献出自己的一份力量。愿中孟友谊长存！

六、案例分析

第一，充分发挥演讲比赛在留学生第二课堂的育人功能。第一课堂即正规课堂教学，提供的往往是理论知识，无法满足对实践的要求，在理论联系实际、学习效果的检验、学生综合能力的提升等各方面都存在不足。如果只依靠第一课堂，则无法实现全面培养的育人目标，尤其国际中文教学高级阶段课程更侧重留学生中文的读写能力，学生的口头表达重视程度不够，出现口语用词简单、表达句式单一的情况。汉语演讲比赛通过讲述和展示在中国的学习和生活，提高留学生的中文表达能力和公众传播能力。第二，学院积极探索和成功过实践了留学生第二课堂的新载体——演讲育人。这里的“演讲”不是狭义的演讲活动，而是演讲比赛。留学生在演讲过程中，育人目标也随声潜入心，润物亦有声，潜移默化地提高了留学生的综合素养。第三，融合学科演讲，课程育人。将演讲与学科课程进行有机融合，使演讲与学科课程的实施融为一体。教师将演讲的因子植入课堂，无论何种学科，演讲带来的不仅是知识的储备，更有思想的碰撞和真理的闪光，更是引导留学生认识真善美、关注社会人生、关注自然与心灵的一座桥梁。第四，班主任引领演讲育人。班主任是立德树人的主力军。班主任结合自己的班级特点及班级近期出现的问题，打造出各具特色的主题演讲、即兴演讲、辩论等形式，有效提升师生间的沟通品质与成效。开展演讲育人活动带来的是沉浸式的熏陶感染，留学生在声情并茂的情境中，更容易受到直观的感染与影响。第五，关注中国发展，留学生德育培养创新形式。留学生们在演讲比赛中展现出优秀的汉语口语能力和理解能力，参加比赛的同学语言流畅、谈吐大方，并在演讲过程中频频运用成语丰富自己的表达，由此促进留学生对中国文化的深入了解。演讲比赛为留学生提供了一个展示汉语能力的舞台，并通过其讲述和展示，进一步深化留学生知华、友华、爱华的情感。演讲比赛旨在选树留学生学习汉语及中国文化的榜样，并借助“身边的中国通”这一形象的宣传，向世界传播中国文化与中国价值，推动十九大精神的国际化传播。

第三节　倡导自主学习　激发创新才能

一、提要

“互联网＋”教育的时代背景为留学生的自主学习提供了无限的机遇和可能，学校推进协同育人，探索留学生人才培养和作用发挥有机统一的培养模式。学校充分地利用网络资源来培养留学生的自主学习能力提升培养效能；丰富学习内容与形式，推动文化交流互鉴，促进中外学生互动融合，增进留学生爱校友华情感。

二、活动主题

留学生参加学科竞赛

三、目标

“汉教英雄会”是一场中外汉语国际教育硕士交流学习的盛宴，为未来的青年汉语言教师提供了一个展现汉教风采的平台，让更多业内、业外人士了解汉教事业。汉教英雄会的举办既是对青年学子的考验与提升，也是对汉语国际教育硕士培养模式的一次探讨。“城市可持续发展领导力与公共政策”国际大学生邀请赛，以竞赛为契机，加强各学科之间交流，促进城市治理理论探索，尝试解决城市发展面临的难题，提高学生的综合能力。

四、实施过程

1. 中外汉硕生“汉教英雄会”同台竞技

2017 年 4 月 8 日，来自复旦大学、南京大学、同济大学、华东师范大学、浙江大学、上海师范大学、东南大学、扬州大学等15所院校的28名汉语国际教育硕士研究生参加江浙沪汉语国际教育硕士教学技能大赛决赛。经过激烈的角逐，同济大学国际文化交流学院选派的黑龙同学(苏丹)获得留学生组三等奖。

2.“城市可持续发展领导力与公共政策”国际大学生邀请赛

2019年11月9日，由同济大学国际文化交流学院、中国社会科学院国际中国学研究中心、牛津大学领导力与公共政策研究中心联合主办，同济大学党委学研工部指导的“城市可持续发展领导力与公共政策”国际大学生邀请赛开始。本次大赛历时两个多月，吸引了来自33个国家和地区的106名大学生的热情参与，中外大学生同台竞技，相互交流。经过激烈的角逐，最终共有11支队伍进入决赛。决赛由小组展示和评委提问两部分组成，各小组成员围绕选题价值、科研方法、案例分析、研究结论及组内合作情况开展介绍方案，评委综合多方面考量对团队进行打分。

同济大学国际文化交流学院的江莉莉(泰国)、鬼丸英和(日本)、张思悦(希腊)、古莱娜(哈萨克斯坦)、稻生理沙(日本)同学以创新的形式、幽默的格调为大家讲述了自己对于中日养老体系的认识，引发全场共鸣，获得了二等奖。本次比赛亦作为“第三届中华文明国际传播论坛——城市文明与人类美好生活研讨会”的青年专场，得到了海内外专家、学者高度的关注。学生们从青年的角度看待热点问题、聚焦民生实事、探讨公共政策，也用青春洋溢的表现展示了活力与激情，其无限的创造力与潜能也将成就更美好的未来。

五、效果

龙行万里为求道

同济大学2016级汉硕生　黑龙(苏丹)

第一次听说我名字的中国朋友都会笑，有人说它“土气”，有人说它“霸气”。“谁给你取的?”他们问。“我自己!”我很得意。那时的我刚进大一，对汉语还没太大兴趣，老师让我们自己取汉语名字，我知道“龙”在中国是吉祥、尊贵的图腾，我又是黑皮肤，所以就决定叫“黑龙”。当时，我并没有想到这个名字会伴着我与中国、与中文结下这么深的缘分，更没有想到会到万里之外的中国来学习汉语国际教育。

2010年8月，我考上了苏丹最好的大学——喀土穆大学。在我们国家，只有特别优秀的学生才能进入这所大学，知道自己被录取后，我万分惊喜，也非常忐忑。入校前，我对喀土穆大学文学院的专业设置不太了解，就想着学英语。但当我报专业时，老师告诉我必须选两个语种，英语是选修语种，可选的主修语种则包括汉语、俄语、法语和德语四种。我一开始打算选德语，最后却在母亲和哥哥的强烈建议下，选择中文作为自己的主修专业，他们的理由是：学汉语将来能找到好工作。

当得知我从华为公司辞职来中国读汉硕，很多人并不理解，说我傻：“你知不知道你现在的工作有多少人羡慕？难道就这样放弃了吗？”我对他们说：“一辈子赚的钱早晚会花完，但学到的知识永远不会消失。苏丹华为不缺我这个行政助理，苏丹缺的是真正的汉学家。在铺好的轨道上继续人生当然很稳定，可是去更广阔的空间才能看到更精彩的世界。我不需要很多钱，我只希望能做自己真正喜欢的事。”是的，正是在教同事汉语的过程中，我发现汉语教学是我真正想从事的工作。也有人担心我：“去中国读硕士，你行吗？”我把“为之则难者亦易矣，不为则易者亦难矣”解释给他们听：“不挑战一下，你根本不知道自己有多强。”

尽管这么说着，但我也不确定自己是否能胜任汉语国际教师。“学为人师，行为世范”，这是读书时中国老师曾对我们说过的一句话。虽然只有短短八个字，却给我留下了刻骨铭心的印象，它让我意识到教师职业和教学工作的重要性和崇高性，还有那份沉甸甸的责任。我遇过不少老师——有些人只是把教学作为谋生的手段，我所憧憬、尊敬的则是那些把教学作为事业的老师——他们总是以学生为本，把学生成长放在第一位，怀着一腔赤诚，用心血浇灌桃李。“春蚕到死丝方尽，蜡炬成灰泪始干。”汉语教学与一般的教育又有所不同，它不只要交给学生一个实用的“器”，更得阐释“器”的意义，赋予学生另一种看世界的视角，从而悦纳不同的文化。

我有一个朋友，曾在同济大学的预科学习，短短一年的时间，汉语零起点的他通过了 HSK 四级,能熟练地用汉语跟我聊天,对同济的老师、对中国赞不绝口。当时,我就很感动,我想:这个学校有这么好的汉语老师,也肯定能培养出好的汉语老师!因此当我在网上看到同济大学开始招收汉硕留学生,就毫不犹豫地递交了申请材料。我相信,我本科时的梦想,能通过在这里的学习实现。

新征程即将开始,母亲依然坚定地支持着我,期待我成长为一名优秀的汉语教师,将来让更多阿拉伯人领略汉语和中国文化的魅力。

2016 年 9 月 3 号,飞机降落在浦东机场,久违的忐忑又有些抬头。在扬州留学时,我曾到过上海,连日阴雨加钱包遗失让我对"魔都"没留下太好的印象。而这次我将在这儿学习、生活两年,不知会遭遇些什么呢!然而,热情友好的市民、和蔼可亲的老师、志同道合的伙伴很快让我心安。反观初到上海的自己,实在狭隘、片面得可笑。在这里——正如我预想的——碰到了我人生中最好的老师,不仅在学业上给我们提供了很多帮助,生活上也无微不至地关心、照顾着学生,让我感觉到了家庭的温暖;第一次见导师紧张得说不出话,但他的幽默和善良让我一下子放松了下来;来自不同国家的同学坐在一个课堂里,各抒己见、畅所欲言,碰撞出的火花点燃了交融的花火,对我生活的方方面面都有不同程度的启发。尽管隔着千山万水和五小时的时差,托网络的福,我仍能与喀土穆孔子学院的老师、同学保持联系。曾经的老师现在成了朋友,向我分享了大量对阿汉语教学的宝贵经验。

最近,我的导师带着学生们研读《论语》。非常惭愧,之前我从没有完整地读过《论语》。一读才知道其中有那么多金玉良言,温润了几千年的中国文人。每每读来,醍醐灌顶。这让我想起西行的三藏,经历九九八十一难取得真经。我的汉语学习之路也非坦途,但终究有缘,行万里路来中国求学问道,幸甚至哉。将来,我一定会将这些珍贵的知识与智慧带回苏丹,传给更年轻的汉语学习者,为世界文化交流尽自己的绵薄之力。

六、案例分析

"汉教英雄会"作为专业领域权威的比赛,除了检验汉语国际教育硕士人才培养以外，还是竞赛育人的重要抓手。透过“汉教英雄会”比赛，能够体现汉语国际教育人才培养的目标以及精益求精的工匠精神。

第一，有助于留学生提升实践能力。全新的赛事机制与赛事流程，在给予汉语国际教育硕士研究生挑战的同时，更多的是给予其在汉语水平与汉语能力培养方面上的思考与探索，发现自己的劣势，弥补自己的不足。另一方面有别于传统实践活动，“汉教英雄会”在各个高校不同国籍的优秀学子之间构建了更为广阔的竞争与合作空间，碰撞出更为持久的思想火花，使学生能够自我反思、深入探索、推陈出新、全面提升。在合作与竞争中，激发汉语国际教育硕士研究生的各项潜能，将其理解能力、实践能力、应变能力、创新能力等多方面能力带入比赛当中，同时在比赛中不断地收获和提高，更好地为日后走出校园、步入社会、走向世界打下坚实基础。

第二，有助于留学生增强专业竞争力。竞赛育人增强了留学生的竞争力，在竞赛的过程中留学生实现从被动接受到主动探究的转变，在教师的指导和鼓励下，更有针对性地去发现和解决问题，让留学生主动思考与探究中积累经验。留学生在完善竞赛作品的过程中不断打磨专业技能，利用专业技能有针对性地解决问题。与此同时，留学生与中国学生同台竞技，以赛促进，以赛促研，拓宽了留学生人才培养途径。

第三，有助于留学生全方位了解中国。学科竞赛让留学生在留学期间，尽可能地多了解中国，尽可能地接受中国文化，把他们培养成传播中国文化、促进中外交流的友好使者，发挥促进中国与留学生本国友好交往的桥梁作用。向世人宣传中国文化及中国人的对外友好情怀，对增进我国和世界各国的相互理解、发展友好关系、提高中国的国际地位起到不可估量的作用。留学生对于中国的悠久历史及传统文化同样也非常感兴趣，他们会把在中国学习期间结下的中国情谊带回他的国家，向其他人继续宣传，为我国在世界范围内传播中华文化做出更大的贡献。

附表　同济大学国际文化交流学院代表性培养成果

序号	年度	奖项名称	比赛形式	评奖组织单位	获奖者信息 本科生/硕士生/博士生/进修生(含预科生)
1	2016	第四届“相聚上海”国际读书征文和摄影活动	征文	上海市人民对外友好协会、上海旅游局、上海图书馆	进修生莉莉娅(三等奖,白罗斯)、加西亚(三等奖,美国)
2	2017	静态赛工程设计报告	赛车	中国大学生电动方程式大赛(FSEC)	硕士生博思(第一名,德国)
3	2017	首届汉教英雄会全国总决赛	教学技能	国家汉办	硕士生黑龙(苏丹)获得留学生组前50名
4	2017	“一带一路,助我圆梦”第六届国际学生朗诵比赛	朗诵	国家留学基金管理委员会	硕士生黄可欣和孔安平(泰国)获得二等奖
5	2017	“隽永诗文,友谊之歌——上海市2017年国际学生中国诗文诵读大会”	诵读	上海市语言文字工作委员会办公室	预科生王亚美(一等奖,孟加拉国)团体二等奖
6	2018	第二届上海高校国际学生太极拳友谊赛	太极拳	上海市欧美同学会、上海市高校外国国际学生教育研究会(上海市教委委托)	共获得9个奖项,其中男子组二等奖4名,三等奖1名,女子组三等奖3名,团体三等奖1项,同济大学获得优秀组织奖1项
7	2018	教育部“优秀来华国际学生奖学金”	奖学金	教育部	本科生陈光利(柬埔寨)
8	2018	“第二届来华国际学生征文大赛”优秀奖	作文	教育部留学服务中心	本科生雷观贴(柬埔寨)
9	2018	首届网络好声音——声动喜马拉雅“我的中国梦”	朗诵	喜马拉雅FM,上海市网信办	本科生陈慧玉、初兴获二等奖,陈世银、江莉莉、图拿、春雁、陈忠德获参与奖 硕士生金洙旻获二等奖,江莉莉获参与奖
10	2018	第五届“相聚上海”国际读书征文	作文	上海市友好协会、文旅局、上海图书馆	本科生陈光利、春雁(四等奖)

（续表）

序号	年度	奖项名称	比赛形式	评奖组织单位	获奖者信息
					本科生/硕士生/博士生/进修生（含预科生）
11	2018	“收获·中国”第七届国际学生朗诵比赛	朗诵	国家留学基金委	硕士生王亚美（三等奖，孟加拉国）
12	2018	“学在中国”国际学生演讲比赛	演讲	上海市高校外国国际学生教育研究会	本科生陈光利（一等奖，柬埔寨）
13	2018	第三届上海高校国际学生太极拳友谊赛	太极拳	上海市欧美同学会、上海市高校外国国际学生教育研究会（上海市教委委托）	共获得16个奖项，其中团体二等奖1项，男子组一等奖1项，二等奖3项，三等奖3项，女子组三等奖8项
14	2018	第五届江浙沪国际汉语教学技能大赛	教学技能	江浙沪汉语国际汉语教育硕士专业学位教学联盟	姜文净（教学技能二等奖，才艺三等奖，韩国）
15	2018	第二届汉教英雄会	教学技能	孔子学院总部/中国汉办	硕士生燕菲菲（入围奖，乌克兰）
16	2018	“上外·沃动杯”第四届江浙沪国际汉语教学技能大赛	教学技能	江浙沪汉语国际汉语教育硕士专业学位教学联盟	硕士生燕菲菲（三等奖，乌克兰）
17	2018	教育部“优秀来华国际学生奖学金”	奖学金	教育部	博士生明泽龙（德国）
18	2018	教育部“优秀来华国际学生奖学金”	奖学金	教育部	硕士生钟芬达（印度尼西亚）
19	2019	2019“汉语桥”全球外国人汉语大会配音比赛	配音	国家汉办	预科生雷若华（银奖，尼泊尔）本科生初兴、雷观帖、潘成功、潘冬、颜杨青获得优秀奖
20	2019	教育部“优秀来华国际学生奖学金”	奖学金	教育部	本科生邓大宝（老挝） 硕士生姜文净（韩国）
21	2019	Dora hackathon Microsoft track	Gravitation	全球极客组织 DoraHacks	本科生斯提凡（三等奖，哥伦比亚）

（续表）

序号	年度	奖项名称	比赛形式	评奖组织单位	获奖者信息
					本科生/硕士生/博士生/进修生（含预科生）
22	2019	第五届“中国互联网+”大学生创新创业大赛	人工智能教育自媒体“人工技能小技巧”	上海市教委	硕士生王子（刚果布，决赛银奖）
23	2019	第三届来华留学征文大赛	作文	教育部留学服务中心	硕士生钟芬达（优秀奖，印度尼西亚）
24	2020	中国政府奖学金预科生“感知中国”短视频大赛	视频	国家留学基金委	预科生雷若华、马杜（“炉火纯青”奖），蔡经恒（“初露锋芒”奖），马杜、杰斯特（“优秀参与”奖）

第四节　联络国际校友　扩大海外影响

一、提要

国际校友联络在创建世界一流大学的工作中发挥着重要的作用。学成回国的留学生在中外政治、外交、经贸以及文化教育交流中发挥着积极的桥梁和促进作用，在留学生当中开展校友工作是十分必要的。做好国际校友联络工作既促进中华文化的国际传播，提高我国的国际影响力，又增加国际校友的归属感、荣誉感和认同感。

二、活动主题

国际校友返校日及座谈会。

三、目标

国际校友是学校特殊的宝贵资源，是学校重要的“海外名片”，开展校友返校活动及校友座谈会，与国际校友维持长久的联系，保持并加深其对中国的感情和认同。

四、实施过程

1. 同济大学110周年校庆活动——校友返校日活动

活动前期由2002级本科生亚瑟同学（保加利亚）对班级同学进行系列访谈，在学院微信公众号上发布访谈记录。活动当日，国际文化交流学院东厅举办110周年校庆国际文化交流学院校友返校日活动，本科、预科、进修班的返校校友与应届毕（结）业的留学生代表一起，与老师们共同庆祝母校110周年华诞。

借助这次校友返校的契机，学院还举行了同济大学校友会国际文化交流学院校友分会筹备工作启动仪式和建院 20 周年庆典筹备工作启动仪式。

2. 中国政府奖学金预科项目十周年校友活动

2019 年 12 月 27 日，学院举行预科校友座谈会，同济大学校友会秘书长、学院特邀嘉宾及学院领导出席座谈会，与校友们亲切交谈。校友们不远万里，从世界各地赶来，未能到达现场的校友则以视频的形式传达对同济的祝福，表达对母校的感激。座谈现场，校友们以流利的中文，围绕着浓浓的同济情怀侃侃而谈，或回忆校园的美好时光，或讲述在中国留学的成长经历，或叙及创业故事。

校友们为学院的发展变化感到欣喜与自豪，纷纷表示将踏实学习，抓住机遇成就自我，做好中外交流的使者和纽带，促进文化交流互鉴，为母院的发展添砖加瓦、贡献力量。

五、效果

一首《我爱你，中国》，同济留学生从给社区大妈唱，一直唱进春晚舞台

美国芝加哥哈罗德华盛顿学院的声乐系副教授朱莉叶·皮特拉斯

同济大学 2014 级汉语进修生

2018 年春晚舞台上，压轴登场的歌曲《我爱你中国》尤其引人注目。在献唱的国际歌唱家团队中，有一位上海人熟悉的"洋面孔"，她就是美国青年女高音歌唱家朱莉叶·皮特拉斯(Juliet Petrus)。其实早在 2014 年，很多上海人都已经熟悉了她激昂的"我爱你，中国"，熟悉了她对中国文化的满腔深情。

朱莉叶是芝加哥哈罗德华盛顿学院的声乐系副教授，曾获得美声唱法基金会芝加哥布拉沃奖、艺术歌曲和歌剧美国奖。她曾在美国纽约林肯中心、卡耐基歌剧院、密歇根歌剧院等登台演出，在《夜皇后》《魔笛》《奥菲欧》等多部歌剧中饰演重要角色。

值得一提的是，朱莉叶也是 2011 年国家汉办/孔子学院总部主办的首届"I SING BEIJING——国际青年声乐家汉语歌唱计划"的优胜者。

2011 年 8 月 18 日，在北京国家大剧院隆重举行的"I SING BEIJING——国际青

年声乐家汉语歌唱计划"音乐会上，朱莉叶第一次在中国公开演唱中文歌曲《我爱你，中国》。"我唱到'我爱你…'，就在'你'字还未落音，我就听到观众阵阵叫好声，还伴随有热烈的鼓掌。"朱莉叶后来每次谈到这次难忘的经历，都说自己从来没有过这样的感受："我当时震惊了。"她说，美国歌剧听众很安静，曲终后他们很礼貌地鼓鼓掌。"但在中国，我感觉我像一个摇滚明星，还没唱完，他们就欢呼。这样热情的观众真是不可思议！"

这次活动让她对中国文化产生了浓厚的兴趣。回国之后，她念念不忘中国，不忘汉语，不忘用中文演唱歌曲的诱惑，不忘中国人的热情。不久后，她提出想到中国继续学习中文，了解中国。

2014年，已经35岁的朱莉叶带着5岁的儿子来到上海，在同济大学进行为期3个月的中文学习，追寻自己的中国梦，开始了一段新的"改变人生之旅"。在老师和同学的帮助下，她孜孜不倦地学习汉语，发音日趋纯正，演绎中文歌曲也越发游刃有余。来中国之前，她不认识一个汉字，现在却可以进行汉字的读写。

由于喜欢唱中文歌，她这次来中国学习汉语时，也带来了一个梦想，就是能够在同济大学举行一场中文歌曲专场演唱会。

一个美国歌唱家，要在中国举办中文演唱会，有难度，但更有价值。为此，同济大学为朱莉叶精心准备了一系列的演出，让她举办一场中文专场演唱会的梦想不但得以实现，而且一次次实现。

2014年4月18日下午，同济大学与四平社区联合主办"同济四平社区第三届国际文化交流展演"活动，朱莉叶与社区合唱队共同演唱了《我爱你，中国》，独唱了哈萨克民歌《玛依拉》《月亮代表我的心》。另外，在同济大学二附中，同济大学"女生节"、"上海市民文化节"的活动现场，也都能听到朱莉叶的中文歌。"我感觉自己受到了摇滚歌手的待遇"，擅长古典音乐演绎的朱莉叶不曾料到上海民众对她的热情，这也令她倍感惊喜。

2014年5月23日晚，在朱莉亚即将回国前夕，同济大学在129礼堂为她专门组织了一场主题为“我爱你中国”的中文歌曲专场演唱会，献礼孔子学院创建十周年及庆祝同济大学建校107周年，这场演唱会也是为了圆朱莉叶的“中国之梦”而举办的。朱莉叶以一首柔美委婉的《春江花月夜》开场，婉转动人的歌喉仿佛让观众感受到了了良辰美景、月夜春江的迷人景色。随后，她接连演唱了《玫瑰三愿》《春思曲》《燕子》《玛依拉》《我爱你中国》等十多首中国人耳熟能详、风格各异的中国优秀现代歌曲，地道的中文、深厚的唱功，加上深情并茂的演绎，激起现场师生的热情一浪高过一浪，响起一次又一次雷鸣般的掌声。

朱莉叶是留学生学习汉语和了解中国文化的一面旗帜。是中国文化成就了朱莉叶，而朱莉叶的演绎，也加深了中国民众、中学生、大学生对中国文化软实力的自信心与自豪感。她带来了多元化色彩，同时加深了留学生对中国文化了解。

遗憾的是，朱莉叶这次在中国学习汉语的时间只有三个月。所以，她虽然可以“字正腔圆”地唱中文歌，但她的汉语运用能力实际上还远远不够。

朱莉叶回到美国后，国家汉办和同济大学一直在关心着她的“中文之梦”“中国之梦”。而她也始终在坚持继续学习汉语，坚持唱中文歌。以前她在中国唱中文歌，后来她在美国为美国听众唱中文歌。美国听众也和她的中国听众一样充满热情。

“我不在中国长大，也不在中国受教育；但很多主题用音乐诠释起来是有相通之处的。比如《我爱你，中国》这首歌，对于我来说就像很多美国的爱国歌曲一样：松柏、红梅、北方的雪，这些意象令我联想到的是美国的景物，以及我在美国的经历。这种融合通过我的演唱表达出来，就会给观众一种不同的感受。”朱莉叶对中国歌已有很深的领悟，并通过演唱中国歌，对中国文化、对中华民族，产生了越来越深厚的亲情。

对朱莉叶这样一位热爱中国的美国歌唱家，中国人没有忘记她。在让她一次又一次有机会唱“我爱你，中国！”的同时，我们还将让一批朱丽叶们成为走向世界的“汉语英雄”，并通过他们的歌声，唱出外国人所看所感受到的真实的中国和对中国的真诚喜爱，并把这种爱传递给越来越多的人，传递到全世界。这不但是中华文化国际传播形式的探索与尝试，也成为中国推动世界多元文化交流与交融的生动体现。

2018 年春晚，全世界的中国人、华侨华人、国际友人都听到一位从上海走向世界的美国歌唱家深情演唱“我爱你，中国”！

来源：文汇教育报刊 2018 年 2 月

http://www.whb.cn/zhuzhan/xue/20180216/189746.html

多彩亚洲　汉语搭桥　编织心灵相通的纽带

随着中国文化在世界影响力的加深，越来越多的外国朋友开始学习汉语。中国和巴基斯坦有着传统的友好关系，如今在巴基斯坦，就有不少年轻人选择学习汉语。在巴基斯坦国立现代语言大学，有一对教授汉语的夫妇，帮助巴基斯坦年轻人学习汉语，实现自己的人生梦想。

在巴基斯坦国立现代语言大学的校园里，有一幢楼显得与众不同。门外有两个石狮子，中间还有一尊孔子的雕像，这里就是伊斯兰堡孔子学院的所在地。每天都有不少正在学习汉语的巴基斯坦学生聚集在门口的台阶上聊天、交流学习。

哈希卜是这所孔子学院的老师，他从 2008 年学院初创时就在这里工作。他说，自己当年开始学习汉语还是受到了好朋友的影响。

巴基斯坦孔子学院老师哈希卜：写汉字，它们的书真的有很多，你知道，汉字有很多笔画。我说怎么能学会呢，他（朋友）说我喜欢学习最难的东西。

2002 年，哈希卜开始接触中文，凭借优异的成绩哈希卜 2003 年获得中国政府奖学金，前往中国上海留学。哈希卜回忆说，在中国的留学生活非常丰富多彩，老师把留学生们当作自己的孩子，带他们去家里吃饭，缓解他们的思乡之情。哈希卜还有机会去到了更多的中国城市，他也逐渐喜欢上丰富多彩的中国文化。他说，在中国留学的几年里，让他受益最大的是中国书法。因为练习书法很好地磨练了耐性和意志。

巴基斯坦孔子学院老师哈希卜：如果你慢慢写东西的话，这样你的感觉，你的心态就会很平静。所以我选择学习书法，一天写，写的不好看，就再写，我一年一直学习书法。

语言和文化交流能够促进国与国之间的了解和友谊。中巴两国深植于民间的传统友谊也让哈希卜深有体会。2005年10月，巴基斯坦北部发生7.6级地震，当时哈希卜和同学还在中国留学，家乡发生地震让他们十分牵挂，但来自中国朋友的关心与支持让他们深受感动。

巴基斯坦孔子学院老师哈希卜：很多人，我们不认识他们，他们来我们的宿舍，找我们。我们听说你们国家有（发生）地震，2万人出事了，我们也对不起（感到难过），如果你们需要帮助，我们都可以帮助你们。

在中国留学期间还让哈希卜收获了爱情。同在上海留学的萨比哈后来成为了他的妻子。两人回到巴基斯坦后一起到孔子学院教汉语。

巴基斯坦孔子学院老师萨比哈：了解汉语，可以了解我们一个最好的一个朋友国家。我们从小的时候就开始听说，中国是我们最好朋友。

最近，一年一度的"汉语桥"比赛巴基斯坦赛区决赛举行，获胜者将像往年一样，前往中国参加全球"汉语桥"比赛的决赛。目前，哈希卜夫妇正在帮助参赛学生做着最后的准备。他们告诉记者，语言是不同国家人民沟通的桥梁，他们将帮助更多巴基斯坦年轻朋友学习汉语，实现自己的人生梦想，继续推动两国文化交流。

来源：《央视网》2019年5月

http://news.cctv.com/2019/05/11/ARTIKWiSNr0q71phHLyqvLis190511.shtml

六、案例分析

根据《国家中长期教育改革和发展规划纲要》和《留学中国计划》，2020年全国留学生数量达到50万，我国将成为亚洲最大的留学生目的地。如何积极借鉴和大胆探索，更好地做好国际校友联络工作，更好地服务于广大国际校友、服务于学校自身，服务于国家战略，是当前急需解决的重要问题。

第一,定期举办大型国际校友返校活动,提高荣誉感。学校应积极为国际校友提供返校交流的机会,为毕业校友与领导、老师以及在校留学生的沟通与交流提供平台,如定期举办大型国际校友返校活动、研讨会、经验交流会以及邀请知名国际校友返校演讲等。通过举办各类活动,为国际校友提供更多的见面、信息交流的机会,提高国际校友的归属感与荣誉感,增加国际校友间的凝聚力,加强国际校友与母校之间的联系。同时,学校应利用学校团组出访、举办国外教育展等契机,通过国内企业在国外的分支公司、留学中介、国外大学等机构,组织当地校友的聚会、联谊和座谈会,实现国际校友间的沟通交流,增进国际校友对母校各校工作的了解和支持。

第二,不断提升留学生服务质量,培养认同感。留学生毕业并不意味着与留学生目的地国关系的终结,相反,代表一段新的关系的开始。与国际校友维持长久的联系,保持并加深其对留学生目的国的感情和认知,可以为留学生思政工作带来诸多益处。留学生对校园文化、教育理念、培养方式的认同能够使他们在将来对母校的感情得以长期维持,也是以后与母校合作以及回馈母校(如通过捐赠)的基础。

第三,促进中华文化国际传播,提升软实力。留学生校友工作是创办世界一流大学工作的重要组成部分。世界一流大学对此十分重视。我国留学归国人员经常会收到原留学院校的信函或应邀访问对方或接待对方来访,以保持联系获得各种信息。国外院校也常常宣传他们所培养的杰出学生,以提高他们在国际上的知名度和吸引更多的优秀人才,建立留学生校友会实现了各国校友与母校的直接交流。留学生校友会更注重国际间的信息交流,传递的思想不仅包括母校的办学理念、校训等,还包括中国的本土文化环境、经济发展趋势等,更有利于中国走向世界,加深外国人士对中国的了解。

第十章　生涯教育篇

第一节　推进学业规划　促进青年发展

一、提要

《国家中长期教育改革和发展规划纲要(2010—2020年)》提出:"坚持以开放促改革、促发展。开展多层次、宽领域的教育交流与合作,提高我国教育国际化水平。"如何做好留学生的培养,是新时期的一个重要命题。大学生学业生涯规划是一种新型人才成长的理念,做好留学生的学业生涯规划,有利于留学生尽早明确学业目标,顺利实现从学业生涯到职业生涯的平稳过度。同济大学国际文化交流学院的学业生涯规划依托于辅导员及专业老师等,建立专业化的指导队伍,构建学业规划指导体系,再针对不同时期的学生开展个性化辅导。

二、活动主题

留学生学业生涯规划。

三、目标

留学生学业生涯规划是国际文化交流学院针对留学生生涯规划教育中的重要一环,以一对一谈话、HSK辅导等活动为主要形式,是学院注重学生培养质量的集中体现。

一对一谈话是以诚待人、以情动人、以理服人、以实感人的工作方法,尊重每个学生的人格,关心学生进步,从而激发学生对学院、对学校、对中国的感激之情,激发其智慧和力量,促进知华、友华学生的情感培养。

HSK辅导的目标则是辅助课堂教学,能够建立起较为完整的汉语学习生态环境，完善留学生汉语学习的环节，能保证汉语学习的良性循环发展，符合教育生态学的发展规律。

四、实施过程

学业生涯规划主要包括两大层面。第一个层面是从顶层设计角度，学院通过建立专业化的指导队伍，构建留学生学业生涯指导体系，由辅导员和专业教师一同引导学生逐步深入了解学业生涯规划的重要性，了解如何将所学运用到未来工作实践当中，实现大学到职场的平稳过度。

第二个层面，针对学生类别、学生学习情况开展个性化辅导，例如一对一谈话、学科辅导、HSK 辅导等。从学生的学习心理纠正、学生的学习能力提高再到学生的学习水平提升，方方面面进行帮扶，让留学生真正爱上汉语与学习。

一对一谈话主要是老师根据学生的具体心理情况与学习情况，进行谈话帮助。在谈话之前，老师会了解学生的国籍及其文化、学习情况等基本信息，做好谈话预案。在谈话过程中，注意语气用词，尊重留学生文化差异，提高谈话质量；注重换位思考，以情动人。针对不同情况的学生，要对症下药：对待对学习有高度热情的同学，要积极鼓励、给予肯定，并提出自己的高期待进行激励；对待有厌学情绪的同学，不应当批评，而是正确引导，将重点放在提升其对于学习的兴趣当中来。在谈话方式上，要按照规章制度办事，以理服人，不能因为自己的喜好偏见而区别对待学生，尊重不同国家文化差异的同时，严守我国法律和学校规章制度，对于学生的道德与学习要求不能因为他们是留学生而放松。

国际文化交流学院提供汉语角场地，提前向全校留学生发布当期汉语角活动安排，并组织一些中国学生参与，通过汉语角的自由交流，将课堂讲授的汉语知识在实际中灵活运用。不少学生表示，同样的语法，课堂中的学习较为晦涩难懂，但当在具体运用场景下，则变得有趣得多，学习的兴趣也显著提升。

学科辅导是为中国政府奖学金预科生特别设计的帮扶项目，他们大多数人数理化基础薄弱，加之中文起点低，学习挑战非常大。学院将学科课后辅导与中国学生勤工助学项目结合起来，预科生学科学习中引入朋辈帮扶，也为中国贫困生提供一些国际交流的岗位。2020 是特殊的一年，学院开启了线上辅导与线上汉语角的学业帮扶模式。

HSK 辅导由国交院资深汉语教师担纲，更加考验教师的教学能力：其一，要切实提高留学生 HSK 考试的分数，即通过具体的数据指标来检验教学成果；其二，HSK 辅导实质上属于应试教育，相对形式灵活、内容有趣的汉语角来说，在保持学生对于辅导的兴趣上存在一定难度。从学生 HSK 成绩来看，同济大学国际文化交流学院的 HSK 辅导已经取得了令人满意的效果。

五、效果

由于新冠肺炎疫情，我和我的同学们都没有办法来到中国进行学习，本来以为学业要被耽误了，有一点担心。汉语是一门很难学的语言，我喜欢通过对话的方式进行学习，仅仅看书自学，很难达到比较好的效果。由于疫情原因，没有办法回到学校进行学习，无法和别人进行汉语对话，本来以为我的汉语水平会因为这个原因下降，但是惊喜地发现，学院给我们安排了网上的汉语辅导，让我可以在家里和别人进行汉语对话，保持汉语的水平，甚至我发现，我的汉语水平还得到了提升。虽然我没有回到上海、回到学院，但是学院里的老师们仍然对我很关心，经常通过微信问我最近过得怎么样、心理状况怎么样、防疫物资是否齐全等。感谢学院对我学业和生活的关心，让我感受到，学院真的很重视我们学生。

——大川真奈（日本）

今年我们都体验了一种新型的教学方式，那就是线上教学。在刚刚通知教学活动改为线上进行的时候，不少同学都有点抗拒心理，认为线上教学的效果肯定不如线下教学好。但是，当真的开始线上学习后，很多学生都开始感受到线上学习的种种好处，发现线上学习不仅不会耽误我们的学习，反而给我们学习带来更多的便利，比如学习不用受到时间与空间的限制、随时随地都可以学习，有什么问题也可以随时问老师与同学，而且还减小了被传染的可能。在开始线上学习之前，我都是等待着学院的安排，属于比较被动的学习，开始了线上学习后，我也自己养成在网络上寻找朋友用汉语聊天的习惯。

在网络上认识的中国朋友们和我在学校里认识的一样友善，我很开心能够在学习中认识这么多的中国朋友，他们是我爱上中国的重要原因之一。

——萨尔汗(阿拉伯联合酋长国)

今年是特殊的一年，我很担心自己的汉语学习会由于疫情中断，但是开心的是学院给我们准备了线上教学。刚刚开始的时候，我跟老师说，我还是想要在教室里面上课，那样效果更好。但是老师跟我说线上教学是一样的，老师们都会认真给我们上课，有什么不懂的可以微信或者发邮件问他们，我才放下心来。上了网课之后，我开始逐渐发现线上教学的好处，比如老师的 PPT 我们可以看得更加清楚、同学们的交流更加密切等。我在 HSK 考试中有什么不懂的地方，都会及时问老师，老师也会和在教室里上课时一样，认真为我解答。在 HSK 考试中，我也取得了满意的成绩。很感谢学院和老师为我们考试付出的努力，事实证明，线上教学也可以很成功。

——梅泽睿(阿拉伯联合酋长国)

这次疫情期间，我留在了自己的国家，无法回到中国学习，很想念我的老师和同学们。但是幸运的是，由于科技的发展，我们能够在 Zoom 里面继续学习，也可以通过视频看到老师和同学们熟悉的脸。更加让我感动的是，中国的老师们没有因为我们不在中国就停止对我们的关心与爱护，相反，由于我们国家的疫情比中国严重，他们经常在微信上询问我们最近的情况，身体好不好、心情好不好等等。每次听到老师们来自中国的关心，都会让我很感动，而且会想起在中国学习的美好时光。希望疫情能够早点过去，我能够早点回到中国，面对面向帮助过我的老师们表示自己的感谢。

——李洁(泰国)

通过学院的帮助，我对自己的学业有了一定的规划，知道了汉语国际教育专业的未来发展方向。我也知道了研究生期间应该怎么安排我的学习进程，我希望未来能够做一名汉语老师，回到泰国教更多的同胞们了解中国文化、中国历史。

——初兴(泰国)

六、案例分析

同济大学国际文化交流学院学业生涯规划的主要形式包括一对一谈话、疫情期间线上辅导、HSK 辅导。由于疫情原因，辅导工作无法在线下完成，然而学院老师克服困难，在线上仍绕保持着高度的教学热情与饱满的工作态度，继续在线上进行包括 HSK 辅导等各项活动，为留学生继续创造着良好的学习环境。这些努力是同济大学国际文化交流学院全体教职工高度责任心的体现，也是学院办学宗旨的彻底贯彻。

国际文化交流学院一向将教学质量摆在重要位置。在留学生的学业生涯规划教育中，需要认识到两个关键点“国际”与“学生”，“国际”意味着学生们来自不同国家，拥有许多不同特色鲜明的文化背景，他们的生活习惯、学习习惯等各不相同，这些习惯的差异需要得到一定的尊重；“学生”意味着无论来自哪个国家，留学生们的身份首先是学生，在培养过程中一定要保证对每个学生负责，不能因为是留学生而放低要求。

国际文化交流学院十分重视与学生的紧密联系，将学生的心理健康与归属感培养放在重要位置。无论是一对一谈话，还是各类辅导，都是这种人文关怀的体现。由于疫情，许多学生无法如同往年那样回到同济进行学习，学院并不会因此减少对学生们的关心。对于境外的同学，辅导员和班主任做到日常一对一微信沟通与关心，了解他们国家疫情情况，尽可能给予学生帮助。对于校园中的学生，学院同样注重展现人文关怀，辅导员和班主任通过面对面谈话、开展各类辅导等方式关心学生的生活与学业。这些联系学生的方式展现了学院对学生的人文关怀，让这些无法回到校园的学生也同样感受到自己是同济大学的重要成员，感受到来自国际文化交流学院、来自同济大学、来自中国的温暖，从而培养学生对于学院、学校以及中国的亲近感。

在学业生涯规划教育过程中，不仅注重留学生汉语、专业等方面的技能培养，还应注重中国文化的学习。由于疫情，许多学生无法回到同济进行线下学习，因此学院特地举办了线上形式的 HSK 培训，让留学生即使是在家，也能够提升他们的汉语运用能力。

第二节　启动生涯设计　提升就业能力

一、提要

联合国教科文组织第18届大会上通过并发布的《关于职业技术教育的建议》指出，职业的方向指导，应看成是一个连续过程和教育的一个重要组成部分，其目的是帮助每一个人在职业上做出正确的选择。留学生的职业生涯规划与就业指导工作的开展直接关系到留学生的成才道路，直接体现高校的办学质量和成效。同济大学国际文化交流学院坚持以学生为本，从学生真实需求出发，结合学生对未来就业的期待，为留学生安排职业生涯规划教育。

二、活动主题

留学生职业生涯规划教育。

三、目标

通过职业生涯规划帮助学生充分认识自己，反思过去，思考未来，以实际的态度面对未来发展；帮助学生根据自身的兴趣爱好，结合社会环境以及时代大趋势制定适合自己的生涯规划目标，并为了这个目标而努力，通过企业实地参观等方法提升留学生就业水平。

四、实施过程

1. 代表活动一：深入体验中国科技公司发展——参观携程公司

为了深入了解中国科技企业的文化，学院组织部分留学生代表参观位于上海凌空 SOHO 的携程集团。携程是一个在线票务服务公司，创立于 1999 年，总部设在中国上海。携程旅行网成功整合了高科技产业与传统旅游行业，向超过 9 000 万会员提供集酒店预订、机票预订、度假预订、商旅管理、特惠商户及旅游资讯在内的全方位旅行服务。

在人力资源部企业文化高级经理田佳的带领下，同学们参观了携程的企业文化风采墙、NOC(network operation center)监控室、技术中心、健身房以及顶楼花园，了解携程的发展历史及未来的愿景。在 NOC 监控室，大屏幕上显示着实时的机票、酒店订单数据，每产生一笔在线交易，地图上就会有光标随之亮起，同学们看到飞往自己国家的订单数据都觉得非常惊奇，他们感叹道，“这实在太有趣了”！

人力资源部企业文化高级经理汤一君女士介绍携程企业文化核心是“五四三二一”，即五大理念、四个精神、三个责任、两个追求、一是有一种拼搏的精神。携程的经营理念是所有员工以客户为中心，以团队间紧密无缝的合作机制、以一丝不苟的敬业精神、真实诚信的合作理念，来创造一套“多赢”的伙伴式的合作体系，从而共同创造最大的价值。国际事业部高级总监钟强先生以一个新推出的旅游服务产品为例，向同学们介绍了中国的历史文化名城——苏州，并且通过历史知识问答的小游戏给参与此次活动的部分同学提供了免费深度游览苏州的机会，学生们可以跟着携程的旅行团一起去领略有着 2500 年历史的姑苏城的魅力！

通过参观携程总部，小伙伴们都大开眼界，纷纷表示“很高兴有这样的机会来了解中国的高科技企业”，同时随着携程国际化战略的推进，外籍员工会越来越多，也许有一天，我们的留学生也会选择在这里工作。

2. 代表活动二：了解中国环保企业新成效——走进开能集团

2019 年 10 月 19 日，国际文化交流学院部分留学生参观上海开能环保设备股份有限公司，感受中国环保企业的社会贡献。

经济发展不免伴随着生态改造，然而“绿水青山就是金山银山”，为达到“中国经济又好又快地发展”的目标，大批企业致力于研发环保设备，上海开能集团就是其中之一。同学们了解了上海开能环保设备股份有限公司的企业文化后，在专家讲解下，观察了生活废水和工业废水的净化流水线，包括沙滤和碳滤等设备，参观了全自动化的环保设备制造厂房，在屋顶的环保产业园内实地考察。同学们感叹全水回用负排放系统对节约水资源和改善生态环境的强大作用。

五、效果

参观携程是我在中国学习难以忘记的一个活动，很高兴有这样的机会了解中国的高科技企业，这对我将来回到家乡的创业与就业有着重要的影响。我们了解携程几个重要的产品的运作原理与特色，了解这些产品背后代表的文化，对中国文化有了更深层次的认识。在我的家乡，虽然手机、互联网的普及程度没有中国这么高，但我坚信总有人人都有手机、能用上快速的互联网的那一天。到那时，我希望我能够作为我们国家的高科技企业的创始人或者重要员工为我的国家发展做出贡献，在科技交流中促进我的国家与中国的交往，让越来越多的我们国家的学生渴望来到中国学习，并且相信中国是一个友好的、负责任的大国。

——阮黄君（越南）

很开心能够参加学院组织的一对一简历辅导活动，这个活动的最大特点是能够直接运用到生活中。短时间内，在各位老师的耐心指导中我学到了不少修改简历的技巧。在参加这个活动之前，我认为简历是不需要花费太多精力的，不过是一张介绍自己的说明书而已，事实证明我对简历的重要性太不了解了。这次我有很大的收获。

——金敬洙（韩国）

仔细对比了老师帮助我修改的简历和我自己写的简历后，我学到了很多。同样的经历，经过有水平的简历改写，更能够让 HR 感受到你的真才实学。我还学到了，就算是经历很丰富多彩，也没有必要把所有自己经历过的事情、学习过的课程、参与的活动等都写在简历中，这会让你的简历成为 HR 不愿意阅读的废纸。总的来说，很感谢学院能够组织这次一对一简历辅导活动，希望多组织几次像这种一样、能够直接运用到找工作中的实用技能培训活动。

——金慧(柬埔寨)

最近学院组织了“了解环保企业现状，体验中国乡村生活”的活动，一共有31个留学生参加。我们一起来到上海浦东空港工业区，开始了我们的乡村体验与环保企业参观之旅。上午参观上海开能环保设备股份有限公司，下午前往横沙岛。这次的参观给了我很多收获，让我感觉心中的中国形象变得更加具体、立体了起来。

——月亮(土耳其)

让我最兴奋的是横沙岛“设计丰收”新农村体验，在那里我们先吃了一顿饭，然后割了稻子，在爷爷奶奶的帮助下用稻草做了各种各样的编绳以及稻草人。种地对我们来说并不新鲜，但这种经历对我们来说也是新鲜的，这是我第一次从树上捡到这么多橘子。环保公司的参观也非常有趣，因为它是我去过的最先进的水净化工厂，我不知道它们可以在现实生活中应用这些东西。另一件事是我们认识了一些很棒的新朋友。从中国文化学习的角度来说，这次新奇的经历让我对中国文化有了更深层次的了解。我希望下次我还有机会来参加此类活动并且更好地了解中国。从我自己的职业规划来说，这次参观让我更想留在中国工作了。

——尼塔(柬埔寨)

六、案例分析

职业生涯规划，对留学生而言，就是在自我认知的基础上，根据自己的专业特长、知识结构，结合社会环境与市场环境，对将来要从事的职业以及要达到的职业目标所做的方向性的方案。所以，大学期间是职业生涯规划的黄金阶段，对留学生个人的未来职业走向和职业发展具有十分深远的影响。

职业生涯规划的训练有助于全面提高留学生的综合素质，避免学习的盲目性和被动性；规划个人的职业生涯，可以使职业目标和实施策略了然于心中，并便于从宏观上予以调整和掌控，能让留学生在职业探索和发展中少走弯路，节省时间和精力；同时，职业生涯规划还能对留学生起到内在的激励作用，使留学生产生学习、实践的动力，激发自己不断为实现各阶段目标和终极目标而进取。留学生首先要认识到生涯规划的重要意义，职业生涯活动将伴随我们的大半生，拥有成功的职业生涯才能实现完美人生。因此，职业生涯规划具有特别重要的意义。

培养“知华、友华、爱同济”的国际化人才是同济大学国际文化交流学院的重要目标。“知华、友华、爱同济”意味着需要在“帮助学生深入了解中国、深入了解同济”这一方向上花大功夫，需要将提升中国理解教育这一指导目标贯穿职业生涯辅导之中。职业生涯辅导是帮助学生规划自身学习目标和学习路径的重要工具，且更具有价值导向性。

因此，在留学生职业生涯辅导过程中，不仅要注重留学生自身的快速成长；还要注重留学生的中国理解教育，成长为知华、友华的人才。学院将职业生涯辅导与构建全员育人、全程育人、全方位育人的“三全”育人格局的培养目标相结合，使其同向同行，形成协同效应，把“立德树人”作为教育的根本任务的一种综合教育理念。因此，在学院开展的各项职业生涯辅导活动中，学院始终坚持将“知华、友华、爱同济”的培养理念贯穿其中，教职工以恰当的方式对留学生进行潜移默化的影响与指导，使留学生在学习的过程中，不仅能够明确自己未来的就业方向，更能自觉朝着“知华、友华、爱同济”的方向前进，成为中外友谊的桥梁。

第三节 创新创业教育 助力人才培养

一、提要

作为新时期中国外交的重要策略,"一带一路"倡议已进入全面推进阶段。培养学生们的创业意识,培养留学生的创新创业能力,可以使学生具备自我生存和自我发展的能力,为其毕业后的就业提供一定的基础,同时创新创业意识的培养也可以让同学们积极投身社会实践,养成善于观察,勤于思考的习惯。

二、活动主题

留学生创新创业教育。

三、目标

来华留学教育是"一带一路"倡议下国际人才培养的重要平台与促进人文交流的有力保障,培养留学生的创业意识有利于他们自身价值的实现。通过自主创业,可以把自己的兴趣与创业项目紧密结合,做自己最感兴趣、最愿意做和自己认为最值得做的事情,最大限度地发挥自己的才能,并获得合理的报酬。

四、实施过程

1. 学生创新创业意识培养路径——举办创新创业相关讲座

2018 年 3 月 13 日,同济大学国际文化交流学院举办创新创业训练计划项目介绍讲座。辅导员老师在讲座中讲到,创新创业教育是我国建设创新型国家一系列战略举措的重要组成部分。对于留学生来说,在价值观塑造方面,创新创业教育引导学生在多元文化交流激荡中养成正确的价值取向，把创新创业基因融入价值观；在思维训练方面，创新创业教育让学生不仅具备批判思维、求异思维和创造思维，而且具备系统思维、战略思维以及多学科交叉思维；在能力培育方面，创新创业教育让学生基于竞争与合作不断提升自身能力，具备国际竞争力。

学院为了充分调动学生学习的积极性、主动性和创造性，增强学生的创新能力，培养适应社会发展需要的创新型人才。在国创、上创、SITP 项目申报前夕，特此为同济大学国际文化交流学院本科生开设了创新创业相关讲座。

辅导员老师通过介绍 OFO、饿了么这类由大学生发起的创业项目，引发学生对创业的兴趣。通过对学校国创、上创及校级 SITP 项目的介绍，让留学生对中国高校的创新创业训练计划有了初步的认识。现场同学们相互探讨，燃起了对创新创业项目的热情，表示愿意积极参与其中。

2. *学生创新创业意识培养路径——学科竞赛培养创新意识*

学院近年来多次成功举办以汉语言教育为基础的学科竞赛，如“我和中国的故事”征文大赛、“城市可持续发展领导力与公共政策”国际大学生邀请赛、同济大学留学生“感知同济”校歌翻译大赛、“我的中国故事“汉语言文化大赛、“同济情缘”汉语故事大赛等项目。

以“城市可持续发展领导力与公共政策”国际大学生邀请赛为例，该比赛围绕城市可持续发展的重要议题，如智慧城市、智慧交通、大数据、5G、物联网等问题，发现问题，提出问题，集聚前沿、尖端与实务的问题，共同追踪全球城市最新发展动态，探索新视界，创造公共政策新内涵。本次比赛共吸引了 33 个国家和地区的 106 名大学生的热情参与，中外大学生同台竞技，相互交流。有的同学研究基于现有的社区治理背景，分析当下社区治理的典型案例，创造性地指出阻碍社区融合的三堵围墙，并结合实际情况提出解决问题的方案。来自日本、希腊等国的同学以创新的形式、幽默的格调为大家讲述自己对中日养老体系的认识，令人印象深刻。本次比赛的意义在于，一来通过中外合作交流的形式，提升留学生的合作意识；二来通过参与符合时代前沿议题的竞赛，强化留学生的创新意识。

3. 搭建留学生创新创业教育平台

自2003年成立之初，同济大学大学生创新基地一直围绕学校总体战略目标和学校发展规划，面向社会生产、生活的科技问题，依托优势学科积极开展探索性、创新性研究、开设创新课程，促进和开拓新兴领域，培养和提高大学生的创新意识和创新能力，促进教学改革，提高教学质量，成为本科教育创新人才培养基地。

2021年是中国共产党成立100周年，也是国家“十四五”开局之年。为了全面贯彻落实全国教育大会和新时代全国高等学校本科教学工作会议精神，深化高校创新创业教育改革，提高大学生创新创业能力，我校大学生创新基地积极推进改革，创建实行“流动制”，力争使已建的大学生创新基地“保优争先”，鼓励未创建的学院申请具有学院特色的创新基地。

2021年4月14日，国际文化交流学院的中文与中华文化国际传播能力提升创新基地获得了同济大学A级创新创业基地。基地将搭建：

(1) 留学生职业素养培育平台：聘请校企联盟中的知名企业人士为校外导师，结合“留学生职业素养”课程设置，定期开办“职场午餐沙龙”活动，让留学生与校外导师近距离互动，以便更好地了解中国职场现状；邀请就业中心老师或企业HR开展简历问诊、模拟面试、职场礼仪讲座；带领留学生参访科技企业，鼓励留学生了解中国企业、加入中国企业。

(2) 网络思政及第二课堂实践育人平台：留学生讲中国故事、传播中国声音。通过留学生思政新媒体平台“熊猫叨叨”，鼓励留学生参与栏目设计、录制及宣传；建设同济“汉语角”，每月定期举行活动。帮助留学生从听、说层面提升中文能力的同时，加强中外文化交流；感知中华文化，服务社会。组织留学生参加上海市民文化节的“文化服务日”等活动。

(3) 留学生学科竞赛支持平台：通过校内举办竞赛和参加校外竞赛两种方式，以学科竞赛来推动学术创新活动，“以赛促学”“以赛促建”，实现创新人才与创新成果相结合。

(4) 中文与中华文化海外推广平台：推动孔子学院课程进入外国国民教育体系。以韩国庆熙孔子学院为试点，将教学工作从课外培训课程向学分课程拓展，为韩国学生提供更优质的汉语教学；制作10讲语言及文化类精品视频课程，分享给海外孔院及孔子课堂，让同济大学的教学成果惠及海外更多的汉语学习者；让海外孔子学院的留学生加入同济大学大学生创新项目，促进中外学生交流合作与融合培养；举行HSK线上辅导，并联合海外孔院做好网络考试工作，为国外汉语学习者提供优质的考务服务。

(5) 留学生创新课程建设与改革平台：服务全校，中外融合。面向全校本科生(中外学生)开设一门人文经典与审美类通识课程"'一带一路'文化经典解读"；强化专业，优化课程。修订本科生培养方案，将创新创业学院开设的"社会创新创业"这门课程作为汉语言(经贸方向)本科生的专业选修课；增设一门创新创业类实践课程"留学生职业素养"，通过"中国企业文化、简历与面试技巧、实地参观和职业规划"四个模块来提升留学生未来在中国就业或创业的职业素养。

(6) 留学生科研与创新能力提升平台：学院将打造业务水平过硬、职业素养高超的指导教师队伍，定期为学生进行创新讲座与实践指导；扩展中外学生融合培养方式，指导中外学生合作完成"一带一路"专项项目；指导学生从事科研活动，吸收优秀学生加入教师科研队伍；针对留学生量身打造各类语言文化讲座："人类命共同体"系列讲座和"长三角'一带一路'文化大讲堂"；举办大型国际学术研讨会或论坛，为学生提供接触、学习世界学术最前沿的机会，引导并激励本科学生在导师指导下开始撰写学术论文并投稿到学院创办的汉语国际传播期刊《汉舟》。

2021年6月，同济大学国际文化交流学院组建的"熊猫叨叨——国际学生讲中国故事"团队获得了"互联网+大赛"大学生创新创业大赛(红旅赛道)金奖。该团队成员有来自西班牙、贝宁、土耳其、柬埔寨及泰国的本硕留学生，团队通过实践调研、学科竞赛、文章发表、视频发布的形式向世界展示一个全面、立体、真实的中国。

五、效果

同济大学留学生在华创业成功的案例有许多，无论是在华创业还是回到家乡创业，留学生们都取得了很好的成就。

1. 创业成功案例一："柬埔寨马云"——2012级柬埔寨学生帕克

在来中国之前，帕克是柬埔寨一所科技大学土木工程专业的大二学生。在大二下学期，他通过考试成为了中国政府奖学金生，获得了来中国留学的机会。为了尽快学习、了解汉语和中国文化，他来到同济大学学习了一年预科课程，打下了坚实的汉语和数理化基础。帕克觉得学习汉语的经历非常痛苦。在课堂上，无论老师讲名词还是形容词，他一学就懂，而且汉语的语法也比较简单，但汉字发音对他来说太难了，尤其是声调总是分不清楚。为了能学习汉语，帕克经常和宿舍的保洁阿姨聊天，在食堂吃饭时也会对着校园里发放的广告单念句子。在柬埔寨用五年时间可能也学不好汉语，但到了中国后有语言交流的环境，学起来就快了。

读书期间，帕克还在江西首届外国留学生汉语大赛中一路过关斩将，一举获得了一等奖。获奖后，他第一时间联系了曾经的班主任赵莹老师，他很感谢同济大学国际文化交流学院对他的培养。

2015年7月，帕克成立了Camazoon公司，最初是一家跨国采购代理公司，后来于2018年4月扩展为"制造商对企业"供应商。Camazoon已从500多家海外供应商向柬埔寨的数百家私营公司和小型企业供货，专注于针对本地中小企业的产品采购解决方案，在柬埔寨的分销商和零售商中积累了强大的市场信任。

2019年1月，Camazoon推出了位于柬埔寨的在线购物平台Phzar.com。Phzar.com和Phzar Mobile App已在Phzar在线上列出了超过10万种产品，涉及各种类别，包括：电子，电话配件，时装，箱包和鞋，保健和化妆品，运动与户外，婴儿和玩具等等。

这些成就使帕克获得了2019柬埔寨最佳青年创业者科技奖和2019 Startup

Nation 峰会最佳表现奖。

2. 创业成功案例二：同济创业谷首位外籍学生——摩洛哥籍学生阿米德

阿米德是同济大学创业谷第一位留学生，他来自摩洛哥，做了一个基于用户体验的 App 广告推送平台——UX。

在创业谷老师的帮助下，阿米德成功注册了自己的公司——上海拉斯科信息科技有限公司，成为同济创业谷第一个成功注册公司的外籍人士。

在中国创业，对于每个外国创业者来说都是极大的挑战。去年上海出台《关于深化人才工作体制机制改革促进人才创新创业的实施意见》，推出一批海外人才引进政策，更积极、开放、有效地引进海外人才，同时，上海也在逐步探索非上海地区高校毕业的外国留学生在上海就业。

阿米德已经在上海生活了很多年。他的 UX 移动广告通过重塑传统的广告商、品牌与用户之间的关系，推出一种全新的广告产业模式，以奖励的方式将广告传递给用户，从而避免了传统直接植入式广告打扰用户的弊端，在 App 时代创造一种更好的用户体验。通过同济创业谷这个平台，阿米德找到了来自同济设计创意学院、软件学院的两个小伙伴，各司其职，有条不紊地进行数据分析、市场调研和设计等工作。

阿米德感谢学校和学院的培养，让他有勇气在中国创业。

3. 创业案例：带领中国企业开拓非洲市场——孟加拉籍阿里夫

阿里夫，来自孟加拉，是同济大学国际文化交流学院的一名汉语进修生。阿里夫 2004 年结束了在同济大学的学习生涯，2006 加入传音控股。他联合创办了传音集团，传音集团的智能终端产品在非洲市场创造了销售传奇，成为隐形冠军。借助中国的技术研发和资本市场，他们公司已在科创板成功上市，将面向其他新兴市场，利用"一带一路"国际化战略的发展契机，做一个在发展中国家受人尊敬和喜爱的中国企业。

与波导、康佳这些手机出海的策略不同，传音集团从一开始就瞄准了非洲市场，并决心在非洲土地扎根。在国内手机市场竞争惨烈的时候,阿里夫和同事们背着包,踏上了撒哈拉以南的土地,寻找这片“阳光炙热”土地上未被发掘的机会。他们的第一个目的地,是非洲的二三线城市,还有更边远的地区。

非洲很多地方都缺电,但就在这些连电都没有的地方,他们发现了崭新的商机。虽然没有电,可是手机网络都在。这意味着潜在的手机市场。并且由于电力稀缺,很多地方的居民需要跑到另一个地方付费充电,如果能够在这里做长待机手机,对他们来说省钱省时省麻烦。于是,传音继而推出了长待机系列,待机时间可长达20～30天,长待机系列手机在这些地方卖得非常好。

此外,阿里夫他们还发现不同网络的电话费不同,跨网络的电话费很贵,但SIM卡的价格却便宜,为了省钱,很多非洲居民的钱包里会放两到三张SIM卡,不同的SIM卡对应不同网络。他们最开始就带来了双卡手机,用户很快就接受了传音的概念。深入当地,真正了解消费者的诉求,这就是他们的战略。

几年后,传音也来到非洲,他们具有全球化的思维和本地化经营。本土化的业务,也让传音与同时期进军非洲的国际品牌区隔开,并在随后的数年超越它们,在非洲市场上取得胜利。

进入非洲后,阿里夫他们发现,非洲人热衷拍照,也热衷于分享自己的各种照片,但若是和肤色较浅的人合影并且光线不好的话,真的只能看到牙齿和眼睛,其他地方看不到了。于是,他们研究了上万张照片,与芯片公司、研发公司共同研究,开发出了针对深肤色拍照的功能。当在传音进入非洲唯一未被殖民过的国家——埃塞俄比亚时,他们发现,埃塞俄比亚当地有许多语言。埃塞俄比亚官方语言是阿姆哈拉语,除此之外还有其它的本土语言,且当地居民的英语不好。基于这种情况,传音开发出了支持更多本地语言的手机。

与十年前不同,越来越多智能手机制造商进军非洲,传音面临新一轮挑战,但由于传音功能机在非洲市场份额很大,加上非洲智能手机市场还处于相对低端的阶段,这轮挑战下传音依旧具备胜出的优势:针对非洲市场的功能设计。拍照、开发和微信类似的通讯软件;还有,扩大产业链,生产针对非洲市场的LED灯和自有灯具品牌;并且开类似于苏宁、国美等的线下连锁店。传音这几年也做智能机。2013年,传音推出了针对年轻消费者的智能机品牌 Infinix;2014年,传音创建了配件品牌oraimo。如今,传音旗下各品牌手机在非洲市场总占有率已排名首位,阿里夫认为传音目前在南部非洲和北部非洲还有很大空间。对于传音的主场——撒哈拉以南的国家,传音还在不断优化,希望未来能聚焦新兴市场国家。

六、案例分析

创新创业教育首先是一种思想意识教育,只有思想意识得到了提高,学生们的价值观念才能发生变化,在高校中开展创新创业教育的一个重要目的就是要使学生具有创新创业的意识并具备创新创业的综合素质和必备能力。提升学生创新创业的能力,培养学生的创业意识,培养敢于追求理想,专注热爱,发现并把握机遇的能力;养成善于学习新知识、不畏艰难、积极进取提高学识的习惯;树立认真、勤奋、脚踏实地的工作理念和科学创业理念,勇于突破常规,关注细节,不断创新创造出成果,引导学生摒弃安逸思想,调节情绪,保持平和心态去拼搏,居安思危,与时俱进,发展健康兴趣与爱好。

同济大学国际文化交流学院在培养留学生创新意识上已经形成成套经验与模式。通过向留学生介绍中国对大学生创新创业的政策,以学校科创服务平台为着手点,着力培养留学生创新创业意识和科学研究精神,通过学术科技竞赛和创新创业大赛,提升留学生专业水平,增强留学生科研及实践能力;培养和提高留学生创新创业能力,培养和提高留学生分析、研究和解决问题的能力。为学生提供更多的实践机会,使其可以充分发挥主观能动性和创造性,结合经济和社会发展的需求,发挥自身的专业优势,在实践中检验自己所学的知识的深度与广度,发现理论与实践之间的差别,提高应用知识的能力和自学能力,完善其知识结构和思维方式,培养并提高自身的创新意识和创业能力。

通过落实留学生的创新创业能力培养，使学生具备自我生存和自我发展的能力，是对留学生立德树人工作成效的体现。通过加强创新创业能力的培养，可以培养留学生的以下精神：

创新精神：在创新创业的实践学习中夯实基础、学好理论知识，通过实践，提高综合能力，拓宽视野，关注前沿信息，养成独立思考、强化辨识的能力。

科学精神：科学精神作为人类文明的崇高精神，它表达的是种敢于坚持科学思想的勇气和不断探求真理的意识。

冒险精神：冒险精神是大学生创新精神的必然要求，是否敢冒风险，是创业能否实施创新的重要前提。

开拓精神：开拓是打破常规，勇于创新和探索。留学生开拓精神的培养可以淬炼品格、壮大胆魂、增长才识，培养不屈不挠、勇敢顽强的精神。

拼搏精神：拼搏精神是一种自强不息、不怕困难、勇往直前、披荆斩棘、勇攀高峰的意志品质。引导留学生培养敢于拼搏、牢固树立不断进取的理念；善于拼搏，抓住机遇求发展的能力。

合作精神：合作精神是善于团结协作、发挥他人作用的精神。合作精神是人的社会属性，在当今的企业和其他社会团体内部凝聚力的重要体现，它反映的是一个人与别人协作的精神和能力。

第四节　奔赴海外孔院　传播中国声音

一、提要

孔子学院是中外合作建立的非营利性教育机构，致力于满足世界各国(地区)人民对汉语学习的需要，增进世界各国(地区)人民对中国语言文化的了解，加强中国与世界各国教育文化交流合作，发展中国与外国的友好关系，促进世界多元文化发展，构建和谐世界。作为孔子学院的中坚力量，孔子学院志愿者遍布全球，他们肩负着传授汉语与使中国文化走出去的使命，孔子学院志愿者的跨文化交际能力对其工作与生活有着重要的影响，在当前中华文化传播过程中发挥了重要的作用。中华文化的有效传播，不仅仅能够展示中国风采、传播中国声音、塑造中国形象、提升中国的文化软实力，还可以促进全球化的发展，为全世界和谐进步贡献中国的智慧。

二、活动主题

输送优秀国际学生担任海外孔子学院志愿者。

三、目标

孔子学院，是中国国家对外汉语教学领导小组办公室在世界各地设立的推广汉语和传播中国文化与国学教育的文化交流机构，一般都是下设在国外的大学和研究院之类的教育机构里，它秉承孔子“和为贵”“和而不同”的理念，推动中国文化与世界各国文化的交流与融合。全球首家孔子学院 2004 年 6 月 15 日在乌兹别克斯坦塔什干正式设立，截至目前，全球已有 162 国家(地区)设立了 541 所孔子学院和 1 170 个孔子课堂。

为了积极推广汉语，提高世界汉语教学水平，促进汉语和中国文化在国外的传播，加深中国与世界各国的相互了解，增进世界各国人民间的友谊和交流，中国国家汉办启动了汉语教师志愿者项目。该项目是国家汉办为适应当前世界汉语教学蓬勃发展的形势需要，利用我国作为母语国汉语人力资源优势，开辟的向世界有需求国家提供汉语师资的新措施之一。作为孔子学院中坚力量的志愿者，肩负着汉语教学和文化传播的双重使命而远赴异国他乡。志愿者在传播中华文化过程中发挥着积极的桥梁作用，促进我国人民与志愿者所在国人民之间的理解与交流，助推国家间不同层次间的合作。

自 2005 年以来，同济大学参与共建了 4 所海外孔子学院，分别是德国汉诺威孔子学院、意大利佛罗伦萨孔子学院、日本樱美林大学孔子学院、韩国庆熙大学孔子学院。德国汉诺威孔子学院 2006 年 10 月签约，2007 年 6 月下旬正式运作，直接合作方是同济大学和德国汉诺威中国中心(注册协会)；意大利佛罗伦萨大学孔子学院于 2014 年 3 月 31 日揭牌成立，以“设计创意文化”为特色，推广汉语语言教学，传播中国文化和艺术，以满足佛罗伦萨当地及托斯卡纳大区人民对汉语和中国文化的兴趣和需求；樱美林大学孔子学院是同济大学与日本樱美林大学合作设立的，2005 年 11 月 1 日签署协议，2006 年 4 月 1 日学院正式启动，学院设于樱美林大学内，2010 年年底，樱美林大学孔子学院被授予“先进孔子学院”荣誉称号；韩国庆熙大学孔子学院是我校与韩国庆熙大学合作设立的，于 2010 年 4 月正式启动，设于庆熙大学国际校区，韩国庆熙大学孔子学院将通过多种形式的教学与文化体验活动，推广汉语与中国文化，力争成为韩国首都圈及京畿道地区中国文化的传播中心。

通过开设孔子学院，同济大学国际文化交流学院不断向海外输送孔子学院志愿者，为海外汉语教育事业贡献力量。

四、实施过程

以同济大学国际文化交流学院汉语国际教育专业硕士生为例，展示海外孔院志愿者的成长历程。

张思悦，来自希腊，国际文化交流学院汉语国际教育硕士研究生，2020 年 10 月至 2021 年 4 月期间做为志愿者赴希腊的塞萨洛尼基亚里士多德大学孔子学院，任汉语教师。作为一名汉语国际教育专业的学生，汉语教学的实践环节是必不可少的。如何将近年习得的知识，运用到实践当中，需要学生将汉语、教学方法真正地灵活运用、融会贯通。张思悦表示，正是因为学院的全面培养，才能让自己尽快转变身份。能在孔子学院顺利的完成三个环节：面向学生独立授课，对其他孔院教师进行课堂观摩和辅助教学，参加本孔子学院组织的其他文化活动或项目，例如参与希腊语版的《汉语手册》的编纂、参与“孔院日记”项目的编辑等。

金洙旻，来自韩国，国际文化交流学院汉语国际教育硕士研究生，2019 年 9 月至 12 月期间担任庆熙大学孔子学院志愿者。担任海外孔院志愿者期间，参与汉语教材编写等工作。为庆熙大学的同学们辅导 HSK 五级，为他们传授考试经验及技巧。与此同时，和同学们分享自己在同济大学的留学故事，分享他眼中的中国，希望通过分享中国文化、中国故事可以吸引更多的海外学生了解中国，爱上中国文化。

姜文净，来自韩国，国际文化交流学院汉语国际教育硕士研究生，2019 年 7 月 16 日赴韩国庆熙大学孔子学院志愿者。期间主要担任汉语初级班课程翻译、辅导、推广中华文化及教学活动。这是姜文净第一次感受全职教学，收获颇多，在课堂上担任汉语翻译，引导学生们正确地学习。除此之外，在中国武术、绘画和面塑等传统文化体验课中，帮助学生们进行翻译和答疑，带领学生一起感受刚柔并济的中国传统武术魅力，创作不同风格特点的中国国宝“我心中的熊猫”国画作品，感受中华文化的博大精深。

学院为了给学生打造更宽阔的平台，针对汉语国际教育专业人才培养中的问题，如汉语理论知识不够夯实、跨文化交际培养程度不够、传统文化才艺技能储备不足、教学实践能力缺乏培养环境、对口就业压力较大几个方面做出了针对性的指导。

学院制定了相应的汉语国际教育专业人才培养策略：

(1) 完善培育方式。同济大学国际文化交流学院在专业基础知识、教学方式、跨文化交际、中国传统文化技能的学习等方面进行课程改革，丰富汉语国际教育专业人才内涵，培育符合需求的专业人才。在日常学生活动中，带领学生深入体验中华传统文化、现代文化，让学生真正地理解中国文化，融入中国文化，更好地将中国文化传向世界。

(2) 加强教学实践、提高专业技能。如果强大的理论基础知识是基石，那么丰富的实战经验则是攀登的扶梯。因此，一名合格的汉语国际教育专业人才要同时具备理论与实践两种能力。同济大学国际文化交流学院积极构建较为完整的教学实践体系，比如模拟教学环境、创造海外实习机会、加大海外实习比重、拓展国内实习基地等，提高汉语国际教育专业人才的专业技能。在四家海外孔院的基础上，同济大学国际文化交流学院还和国内多所学校签订了汉硕实习基地，帮助同济大学国际文化交流学院国际学生进一步提升实践能力。实践能力结构的加强与知识结构的夯实，二者相辅相成，才能共同推动我国汉语国际教育专业人才登上一个新的台阶，应对新的挑战。

(3) 更新观念、增强职业荣誉感。汉语国际教育专业人才要树立终身学习的理念，与时俱进，不断学习新的教学方法，丰富自身专业素质，提高自身教学水平。并且要结合当前汉语国际推广工作现状，及时吸纳新的教学理念，不断更新教育观念，摒弃传统的教学手段，帮助汉语学习者更好地学习汉语。

五、效果

因为自身需要一直想学习中文，但使我最终下定决心是得知在女儿就读的庆熙大学有孔子学院这件事。又因为新型冠状病毒疫情开课一直延迟，终于等来了网络授课，所以怀着激动的心情申请了课程。

现在课程进度大概学习了75％的样子，我对于课程非常满意。使我感到满意的原因是王思宇老师多年的中文教学经验和优秀的资质，以及热忱的授课和认真的态度。对于完全是入门水平的我，王老师引导我学习，从一点一点纠正发音，声调，直至正确，同时又不让我感受到压力和觉得困难，使我能够愉快地学习。每次针对当课留下的作业也对学习很有帮助，对于写错的汉字也一一纠正，对这些也都心存感谢。

——善会(韩国)

孔子学院的老师总是在课程开始前就在等候，我反而觉得不好意思而选择在课程开始的时刻才接入视频通话。老师还根据课程需要上传一些发音和声调的YouTube链接，可以让我们复习，每次上传的歌曲等内容也对学习很有帮助。

起初因为不是面授而是网课而觉得多少有点遗憾，但是网课通过画面可以更清晰地看到老师发音口型等，现在也觉得网课没有问题。现在还处在初级阶段，学习之路还很漫长，但是怀抱着想去中国旅行、可以用中文自由对话的梦想，我在一步步前进。向让我这样一个“超龄”的学生无负担且快乐学习、热情且风趣授课的王思宇老师再次表达感谢。

——黄真(韩国)

今年因为新冠状病毒大家一直都在家里。我也在家里，所以我不想浪费我的时间。从暑假开始我就上孔子学院的汉语课。我从来没上过口语课，所以第一天上课的时候，我非常紧张。但是我马上感觉到很有意思。

去旅行的时候，我知道了一件事，那就是实践是最好的学习方式。所以我在孔子学院的学习让我的汉语有了很大的提高。通过孔子学院的学习我们可以在对话中学习中文。老师教我大概有四个月。上课的时候她解释得很仔细，除了书里面的内容，还告诉我们实用的东西。我一个人跟她学习的时候，我们聊日常生活，很有意思。现在我打算继续上孔子学院的课。我想把孔子学院的课推荐给想开心学习汉语的人。

——史弦书(韩国)

我现在一边工作一边听孔子学院高级班的课。认识老师已经一个多月了，因为疫情原因这学期是上网课，刚开始的时候，我的确有些担心。但是因为有帮助理解的PPT和热情的老师，让我觉得课程非常有意思，至今为止我一次也没缺席过。

并且老师会非常用心地批改我们的作业，这一点真是太棒了。以前我也在别的学院学习过，但是从来没有收到老师这样详细的作业反馈。因为遇到了用亲切和爱来给我们上课的老师，我现在对中文越来越感兴趣了。

——姜辅美（韩国）

正是有了孔子学院的老师们，我才有机会认真、系统的学习中文，从听说到读写，老师们都很认真的教我们，我的中文也突飞猛进，希望有机会能来到中国留学，感受一下中国的学习生活。

——金灿（韩国）

六、案例分析

近年来，随着中国经济和对外交流的蓬勃发展，在全球范围内出现了学习汉语的热潮。“如果你想领先别人，就学汉语吧！”这是美国《时代周刊》亚洲版2006年6月26日对全球正在兴起“汉语热”的评价。正如原全国人大常委会副委员长许嘉璐所说：“语言从来是民族或国家之间建立联系、沟通心灵的桥梁，在当前这样的时代，其连接沟通的作用更远远超越历史上任何阶段。汉语作为中华民族和外部世界沟通的最得力的工具，也迎来了前所未有的压力和挑战。”

习近平总书记在2013年全国宣传思想工作会议上提出“讲好中国故事，传播好中国声音”的重要思想。十九大报告也进一步强调了要坚定“道路自信、理论自信、制度自信、文化自信”。因此，讲好中国故事，既是一个关系到中国自身发展、构建中国与世界新型合作关系的重大战略问题，也是全球化背景下如何做好跨文化交际以及构建国家形象的复杂技术问题。

各地孔子学院充分利用自身优势，开展丰富多彩的教学和文化活动，逐步形成了各具特色的办学模式，成为各国学习汉语言文化、了解当代中国的重要场所，受到当地社会各界的热烈欢迎。汉语是中华文化的重要载体，是中华文化的根基，虽然对外汉语教学的终极目标是让国外学习汉语的学习者，学习并掌握好汉语，以及培养他们综合运用汉语的能力，但是在汉语教学过程中，文化的讲解无疑会促进学生对汉语的深层理解与运用，这种对学生“润物无声”式地潜移默化使学生更容易且乐于接受并欣赏我们的文化。

海外孔子学院志愿者是海外学生了解中国文化的窗口。同济大学国际文化交流学院外派的海外孔子学院志愿者均为汉语国际教育专业的硕士，志愿者们在授课期间，可以提升自己的教学能力，将所学应用于实践当中，也为他们未来的求职道路提供了铺垫。直接面对全世界各国的汉语学习者，在汉语课堂上“如何讲好中国故事”，是摆在国际汉语教师面前的重要课题。志愿者汉语课堂中涉及的文化内容更是直接地呈现在了学生的面前。

后记

当前来华留学生工作扎实、稳步、有序推进，学生规模持续扩大，生源结构不断优化，来华留学事业发展态势总体良好，正在向高层次高质量发展，来华留学事业已成为我国教育事业的重要组成部分。因此，做好国际学生“立德树人”教育，具有重要的意义。

同济大学高度重视对外合作交流，多措并举积极做好国际学生教育管理工作，吸引了众多国际学生来校交流、深造和访学，促进了国际学生规模和质量的稳步提升。学校搭建校园跨文化交流平台，营造浓郁的国际化校园文化氛围，促进中外学生在第二课堂活动中交流、交融，加深了国际学生对中国文化的了解。同济大学国际文化交流学院是专门从事国际中文教学和研究的专业学院，始终以讲好中国故事、传播中国声音为己任。从2002年起，同济大学国际文化交流学院招收汉语言专业本科留学生，2014年2月，在国家汉办的指导和支持下，在原有经贸方向的基础上，增设汉语国际教育方向。2015年9月起招收首批汉语国际教育专业硕士（中国学生），2016年9月招收首批外国留学生汉语国际教育专业硕士。2009年3月，同济大学受教育部国际合作与交流司、国家留学基金委委托，正式开展中国政府奖学金本科来华留学生预科教育工作，通过一年的汉语和专业基础强化课程，结合语言实践、社会考察等教学活动，培养出了一批批具备一定的中文交际及跨文化交际能力、基本具备在中国各大学学习专业所需的各种能力、并能尽快适应在中国的学习生活的世界各国的学生。

同济大学已与日本樱美林大学、德国汉诺威莱布尼茨大学、韩国庆熙大学、意大利佛罗伦萨大学合作承办4所孔子学院，另有日本立命馆大学孔子课堂、日本高岛孔子课堂，走在了国际中文教育工作的前列。

我们编写完成的这套“同济大学国际学生感悟中国丛书”，是在海内外朋友的共同工作的基础上，期待与同仁分享同济大学在国际学生“立德树人”教育领域的工作经验。本书作为丛书之一，重点选取留学生感知中国第二课堂中与“立德树人”教育有关的活动、体验、实践、抗疫、支教等成果，从提要、主题、目标、实施过程、效果、案例分析六个方面，为国际学生“立德树人”教育提供一整套可借鉴的方案。

本书是集体合作的结果，各章节的作者分别是：

宗　骞：提纲设计、统稿

张林华：前言、第六章、第九章

时　玥：第一章、第三章、第四章、第十章

李钰倩：第二章、第五章、第七章、第八章

最后，衷心感谢同济大学各部门、相关学院的关心支持，感谢国家留学基金委、中外语言交流合作中心、中国国际中文教育基金会、上海市教委、同济大学出版社等的大力支持，感谢国际文化交流学院全体师生长久以来的共同探索，使本书得以完成。其中的不足，还请同仁多多指教。